中学基礎がため100%

できた！中2英語

単語・読解

「単語・読解」「文法」を相互に関連づけられる2冊構成

本シリーズは，十分な学習量によるくり返し学習を大切にしているので，「単語・読解」「文法」の
2冊構成となっています。「単語・読解」を完全なものにするためにも2冊そろえての学習をおすすめします。

1 左ページで単語・熟語を書いて練習 … 1ページで15の単語・熟語を練習します。

↓

2 右ページで読解練習 … 練習した単語・熟語をもとに，右ページで読解練習をします。

STEP1 ●基礎 …必ず覚えておきたい基本的な単語・熟語
STEP2 ●中級 …よく使われる単語・熟語
STEP3 ●上級 …覚えておくと便利な単語・熟語

下の欄から，その単語・熟語に対応する意味を書き込みましょう。
□…しっかり覚えたら，チェックを入れましょう。

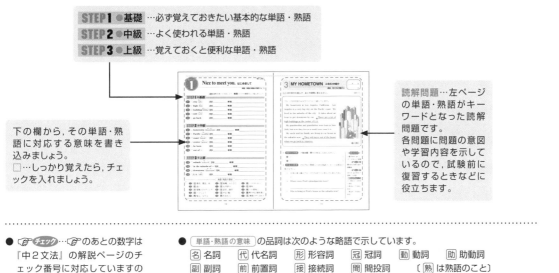

読解問題…左ページの単語・熟語がキーワードとなった読解問題です。
各問題に問題の意図や学習内容を示しているので，試験前に復習するときなどに役立ちます。

● ☞ **チェック** …☞のあとの数字は
『中2文法』の解説ページのチェック番号に対応していますので，そのページを見ると文法事項の確認や復習ができます。

● 単語・熟語の意味 の品詞は次のような略語で示しています。
名 名詞　代 代名詞　形 形容詞　冠 冠詞　動 動詞　助 助動詞
副 副詞　前 前置詞　接 接続詞　間 間投詞　〔熟 は熟語のこと〕
また，単語・熟語の意味 は，単語・熟語を覚えられたかどうかをチェックするミニテストとしても活用できます。□欄ももうけましたので，自分なりに利用してください。

まとめのテスト …セクション全体をまとめて復習するテストです。

総合テスト …1年分の確認テストです。1年間の成果を試しましょう。

🔊 **STEP1～3の単語・熟語と，□内の英文の音声を聞くことができます。**

各ページを学習しながら，または学習した後に，音声を確認するようにしましょう。音声を聞くこと，さらに音読することで，学習効果が高まります。

音声の聞き方

1. 音声アプリ **きくもん** をダウンロード
・くもん出版アプリガイドページへ
➡ 各ストアからダウンロード
シリアルコード **9784774331126**

2. くもん出版のサイトから，音声ファイルをダウンロード

＼テスト前に，4択問題で最終チェック！／

テスト前
5科4択 **4択問題アプリ「中学基礎100」**

・くもん出版アプリガイドページへ
➡ 各ストアからダウンロード

「中2英語 単語・読解」パスワード **3875462**

＊「きくもん」，「中学基礎100」アプリは無料ですが，ネット接続の際の通話料金は別途発生いたします。

中2英語　単語・読解編

グレード1 の復習テスト(1)

1 次の英語は日本語に，日本語は英語になおしなさい。　（2点×18）

(1) family　（　　　）　(2) beautiful　（　　　）

(3) sometimes　（　　　）　(4) shout　（　　　）

(5) vacation　（　　　）　(6) enjoy　（　　　）

(7) life　（　　　）　(8) subject　（　　　）

(9) 長い＿＿＿＿　(10) 家＿＿＿＿

(11) 湖＿＿＿＿　(12) 手伝う＿＿＿＿

(13) 忙しい＿＿＿＿　(14) 同じ＿＿＿＿

(15) 友だち＿＿＿＿　(16) 書く＿＿＿＿

(17) 手紙＿＿＿＿　(18) 学校＿＿＿＿

2 次の AB と CD の関係がほぼ同じになるように，D に適語を入れなさい。　（2点×6）

	A	B	C	D
(1)	one	first	five	＿＿＿
(2)	play	player	teach	＿＿＿
(3)	box	boxes	child	＿＿＿
(4)	you	your	we	＿＿＿
(5)	I	me	he	＿＿＿
(6)	small	big	easy	＿＿＿

3 次の語群を，日本文に合うように並べかえなさい。　（6点×2）

(1) 彼らはどこで野球をしているのですか。

(are / playing / where / baseball / they / ?)

＿＿＿＿＿＿＿＿＿＿

(2) 私の弟は自分の名前を書くことができません。

(write / my / his / can't / brother / name / .)

＿＿＿＿＿＿＿＿＿＿

4 次の英文を読んで，あとの設問に答えなさい。 （40点）

> *Mr. Hill :* Excuse me. ❶<u>Do you speak English?</u>
>
> *Kazuko :* Yes, I do.
>
> *Mr. Hill :* ❷<u>How can I get to the station?</u>
>
> *Kazuko :* I'm just walking ❸<u>there</u>. It's near that building. [❹　　　　]
>
> *Mr. Hill :* Thank you.
>
> *Kazuko :* You're welcome. Where are you from?
>
> *Mr. Hill :* I'm from America. Are you a high school student?
>
> *Kazuko :* Yes, I am. I'm a first-year student.
>
> I like English very much.
>
> *Mr. Hill :* That's good. I'm an English teacher at a high school in this city.
>
> ［注］ high school：高等学校　　　🔊 5

(1) 下線部❶の文の主語を he にして全文を書きかえなさい。 （5点）

_____

(2) 下線部❷の文を日本文になおしなさい。 （5点）

（　　　　　　　　　　　　　　　　　　　　　　　　　　　　　　　）

(3) 下線部❸を文中の 3 語で置きかえなさい。 （5点）

_____

(4) ［❹］にあてはまる文を次から 1 つ選びなさい。 （7点）

　ア　Don't worry.　　　　　イ　Please come with me.

　ウ　How are you?　　　　　エ　Nice to meet you.

(5) 次の質問に英文で答えなさい。 （6点×3）

　(a) Does Kazuko like English?　_____

　(b) Is Mr. Hill a junior high school teacher or a high school teacher?

　　　　　　　　　　　　　　　　_____

　(c) Where is Mr. Hill from?

　　　　　　　　　　　　　　　　_____

5

グレード1 の復習テスト(2)

解答は別冊 P.2・3

1 次の英語は日本語に，日本語は英語になおしなさい。 （2点×18）

(1) building 　（　　　　　　）　(2) usually 　（　　　　　　）

(3) history 　（　　　　　　）　(4) baseball 　（　　　　　　）

(5) interesting 　（　　　　　　）　(6) week 　（　　　　　　）

(7) practice 　（　　　　　　）　(8) people 　（　　　　　　）

(9) 丘 ＿＿＿＿＿＿　(10) 図書館 ＿＿＿＿＿＿

(11) 背が高い ＿＿＿＿＿＿　(12) 使う ＿＿＿＿＿＿

(13) 勉強する ＿＿＿＿＿＿　(14) 読む ＿＿＿＿＿＿

(15) 人気のある ＿＿＿＿＿＿　(16) 見つける ＿＿＿＿＿＿

(17) 公園 ＿＿＿＿＿＿　(18) 季節 ＿＿＿＿＿＿

2 次の **AB** と **CD** の関係がほぼ同じになるように，**D** に適語を入れなさい。 （2点×6）

	A	B	C	D
(1)	car	cars	bus	＿＿＿＿＿
(2)	spring	season	January	＿＿＿＿＿
(3)	he	him	we	＿＿＿＿＿
(4)	2	second	12	＿＿＿＿＿
(5)	Japan	Japanese	America	＿＿＿＿＿
(6)	know	no	right	＿＿＿＿＿

3 次の語群を，日本文に合うように並べかえなさい。 （6点×2）

(1) あなたは何冊の辞書を持っていますか。

(have / many / do / dictionaries / you / how / ?)

＿＿＿＿＿＿＿＿＿＿＿＿＿＿＿＿＿＿＿＿＿＿

(2) だれがピアノを弾いているのですか。

(the / piano / is / who / playing / ?)

＿＿＿＿＿＿＿＿＿＿＿＿＿＿＿＿＿＿＿＿＿＿

4 次の英文は，中学生の **Akira** が英語の授業でしたスピーチです。これを読んで，あとの設問に答えなさい。 （8点×5）

Hello, everyone. For our winter vacation, I visited Australia with my family and saw my mother's friend there. Her name is Sachiko.

We left Japan on December 26th and got to Australia the next day. We stayed at Sachiko's house. We visited some places with Sachiko's family.

On December 28th, I got up at 7:00 in the morning. We left Sachiko's house at 9:10 and got to a beautiful beach at 10:00. We enjoyed swimming in the sea. We ate lunch on the beach, then we went to a large zoo. I like animals very much. I took many pictures of the animals there.

On the last day of December, we left Australia and returned to Japan. I'm going to visit Sachiko's house again during the summer vacation.

[注] left：leave の過去形　beach：海岸　swimming：水泳

　　　ate：eat の過去形　went：go の過去形　zoo：動物園

　　　took：take の過去形　　　　　🔊 7

◎ (a)・(b)は英文で，(c)〜(e)は日本語で答えなさい。

(a) When did Akira and his family get to Australia?

_____

(b) Where did they stay in Australia?

_____

(c) 明が幸子の家を出て，美しい海岸まで着くのにかかった時間はどれくらいか。

（　　　　　　　　　　　　　　　　　　　　　　　　　　　　　）

(d) 明たちが昼食後に行った場所はどこか。

（　　　　　　　　　　　　　　　　　　　　　　　　　　　　　）

(e) 明たちがオーストラリアを出発した日はいつか。

（　　　　　　　　　　　　　　　　　　　　　　　　　　　　　）

1 次の英語は日本語に，日本語は英語になおしなさい。 （2点×18）

(1) language （　　　　　）　(2) ocean （　　　　　）

(3) important （　　　　　）　(4) food （　　　　　）

(5) birthday （　　　　　）　(6) soon （　　　　　）

(7) arrive （　　　　　）　(8) yesterday （　　　　　）

(9) 暑い ＿＿＿＿＿＿　(10) 動物 ＿＿＿＿＿＿

(11) 鳥 ＿＿＿＿＿＿　(12) 買う ＿＿＿＿＿＿

(13) 送る ＿＿＿＿＿＿　(14) 鼻 ＿＿＿＿＿＿

(15) 考える ＿＿＿＿＿＿　(16) 冬 ＿＿＿＿＿＿

(17) 飲む ＿＿＿＿＿＿　(18) 知っている ＿＿＿＿＿＿

2 次の AB と CD の関係がほぼ同じになるように，D に適語を入れなさい。 （2点×6）

	A	B	C	D
(1)	January	month	spring	＿＿＿＿＿＿
(2)	child	children	leaf	＿＿＿＿＿＿
(3)	100	hundred	1,000	＿＿＿＿＿＿
(4)	no	know	two	＿＿＿＿＿＿
(5)	sister	brother	mother	＿＿＿＿＿＿
(6)	help	helped	say	＿＿＿＿＿＿

3 次の語群を，日本文に合うように並べかえなさい。 （6点×2）

(1) あなたは毎日何時に起きますか。

(day / time / up / do / every / what / get / you / ?)

＿＿＿＿＿＿＿＿＿＿＿＿＿＿＿＿＿＿＿＿＿＿＿＿＿＿＿＿＿

(2) その公園で野球をしてはいけません。

(play / park / don't / the / baseball / in / .)

＿＿＿＿＿＿＿＿＿＿＿＿＿＿＿＿＿＿＿＿＿＿＿＿＿＿＿＿＿

4 次の英文を読んで，あとの設問に答えなさい。

April ❶21st, 2021

Dear Yoshio,

　Thank you [❷] your letter.　I got it yesterday.　I came to New York with my family on March 30th.　I am very well. How about you?

　I have a friend here, Yoshio.　His name is Fred.　❸We are in the same class.　He lives near my house.　He always helps me.　He is very kind to me.

　Please say hello to my friends in Tokyo, and write me soon.

from

Akira

◀)) 9

[注]　came：come の過去形　　well：元気な　　say hello to 〜：〜によろしく言う

(1)　下線部❶を読む通りに英語で書きなさい。

_____

(2)　[❷] にあてはまる前置詞を書きなさい。　　_____

(3)　下線部❸の意味に最も近いものを１つ選びなさい。

　　ア　We study together in the same classroom.

　　イ　We go to school together on the same bus.

　　ウ　We don't go to the same school.

(4)　次のそれぞれの質問に対する正しい答えの文を１つずつ選びなさい。

　　(a)　When did Akira get Yoshio's letter?

　　　　ア　He got it on March 29th, 2021.　イ　He got it on March 30th, 2021.

　　　　ウ　He got it on April 20th, 2021.　エ　He got it on April 21st, 2021.

　　(b)　Where does Yoshio live?

　　　　ア　He lives in New York.　　　　イ　He lives in Tokyo.

　　　　ウ　He lives with Akira's family.　エ　He lives near Tom's house.

Nice to meet you. はじめまして

単語・熟語の解説は別冊 P.3・4

意味 意味を書いてみましょう。 練習 つづりの練習をして覚えましょう。

STEP1 ●基礎

① □ **everyone** [évriwλn] (エヴリワン) 意味＿＿＿＿＿ 練習＿＿＿＿＿

② □ **name** [néim] (ネイム) 意味＿＿＿＿＿ 練習＿＿＿＿＿

③ □ **teach** [tíːtʃ] (ティーチ) 意味＿＿＿＿＿ 練習＿＿＿＿＿

④ □ **college** [kálidʒ] (カレッヂ) 意味＿＿＿＿＿ 練習＿＿＿＿＿

⑤ □ **Japanese** [dʒæpəníːz] (ヂャパニーズ) 意味＿＿＿＿＿ 練習＿＿＿＿＿

⑥ □ **when** [hwén] (ホウェン) 意味＿＿＿＿＿ 練習＿＿＿＿＿

⑦ □ **was** [wáz] (ワズ) 意味＿＿＿＿＿ 練習＿＿＿＿＿

⑧ □ **real** [ríːəl] (リーアル) 意味＿＿＿＿＿ 練習＿＿＿＿＿

⑨ □ **problem** [prábləm] (プラブレム) 意味＿＿＿＿＿ 練習＿＿＿＿＿

⑩ □ **speak** [spíːk] (スピーク) 意味＿＿＿＿＿ 練習＿＿＿＿＿

⑪ □ **a lot (of ～)** 意味＿＿＿＿＿ 練習＿＿＿＿＿

STEP2 ●中級

⑫ □ **parent** [péərənt] (ペアレント) 意味＿＿＿＿＿ 練習＿＿＿＿＿

⑬ □ **a little** 意味＿＿＿＿＿ 練習＿＿＿＿＿

⑭ □ **help ～ with ...** 意味＿＿＿＿＿ 練習＿＿＿＿＿

STEP3 ●上級

⑮ □ **literature** [lítərətʃər] (リタラチャァ) 意味＿＿＿＿＿ 練習＿＿＿＿＿

▽▲▽▲▽▲▽▲▽▲▽▲▽▲▽▲▽ 単語・熟語の意味 ▽▲▽▲▽▲▽▲▽▲▽▲▽▲▽

① □代 みんな　　　　⑥ □接 ～するときに　　⑪ □熟 たくさん（の～）

② □名 名前　　　　　⑦ □動 (is, am の過去形)　⑫ □名 親

③ □動 教える　　　　⑧ □形 本当の　　　　　⑬ □熟 少しは，多少

④ □名 大学　　　　　⑨ □名 問題，困ったこと　⑭ □熟 ～の…を手伝う

⑤ □名 日本語　　　　⑩ □動 話す　　　　　　⑮ □名 文学

☆☆次の英文を読んで，あとの設問に答えなさい。　　　　　　　　　　(20点×5)

遼のクラスに新しいアメリカ人の友だちが来ました。自己紹介をしています。

Hello, everyone.　My name is Fred Smith.　I'm thirteen years old.

I live with my parents and my brother and sister. My father teaches English literature at a college in Yokohama.

I studied Japanese a little ❶<u>when</u> I was in America. But I'm having real problems with speaking Japanese, so please help me ❷ my Japanese.

❸<u>I want to make a lot of friends in Japan and want to know a lot about Japan.</u>　Thank you.

11

(1) 接続詞の用法　下線部❶と同じ用法のものを選びなさい。

　　ア　<u>When</u> does school start in Japan?

　　イ　I am happy <u>when</u> I am with you.

(2) 熟語の知識　❷ に適切な前置詞を補いなさい。

　　_____

(3) 不定詞の用法　下線部❸を日本文になおしなさい。

　　(　　　　　　　　　　　　　　　　　　　　　　　　)

(4) 内容の理解　次の質問に英文で答えなさい。

　　(a)　How old is Fred?

　　_____

　　(b)　Does Fred have any brothers?

　　_____

○◁（ポイント）▷○

(1)この when は疑問詞ではなく接続詞。
☞チェック38

(2)「～の…を手伝う」の意味になる。
◀左ページを見よ

(3)want to ～の意味に注意。
☞チェック21

(4)(a)「フレッドは何歳ですか」
(b)「フレッドに(男の)兄弟はいますか」

Nice to meet you. はじめまして

単語・熟語の解説は別冊 P.4

|意味| 意味を書いてみましょう。 |練習| つづりの練習をして覚えましょう。

STEP1 ●基礎

1 □ **father** [fáːðər] ファーザァ |意味|_____ |練習|_____

2 □ **well** [wél] ウェル |意味|_____ |練習|_____

3 □ **mother** [mʌ́ðər] マザァ |意味|_____ |練習|_____

4 □ **work** [wə́ːrk] ワーク |意味|_____ |練習|_____

5 □ **not as 〜 as ...** |意味|_____ |練習|_____

6 □ **brother** [brʌ́ðər] ブラザァ |意味|_____ |練習|_____

7 □ **sister** [sístər] スィスタァ |意味|_____ |練習|_____

8 □ **both** [bóuθ] ボウス |意味|_____ |練習|_____

9 □ **small** [smɔ́ːl] スモール |意味|_____ |練習|_____

10 □ **town** [táun] タウン |意味|_____ |練習|_____

11 □ **near** [níər] ニア |意味|_____ |練習|_____

STEP2 ●中級

12 □ **university** [jùːnivə́ːrsəti] ユーニヴァースィティ |意味|_____ |練習|_____

13 □ **U.S.** [jùːés] ユー エス |意味|_____ |練習|_____

STEP3 ●上級

14 □ **professor** [prəfésər] プロフェッサァ |意味|_____ |練習|_____

15 □ **grandparent** [grǽnpèərənt] グランペアレント |意味|_____ |練習|_____

▼▲▼▲▼▲▼▲▼▲▼▲▼▲▼▲▼▲▼▲▼▲ 単語・熟語の意味 ▼▲▼▲▼▲▼▲▼▲▼▲▼▲▼▲▼▲▼▲

1 □ |名| 父, 父親
2 □ |副| 上手に, うまく
3 □ |名| 母, 母親
4 □ |動| 働く
5 □ |熟| …ほど〜ない

6 □ |名| 兄弟, 兄, 弟
7 □ |名| 姉妹, 姉, 妹
8 □ |代| 2人〔2つ〕とも
9 □ |形| 小さい
10 □ |名| 町

11 □ |前| 〜の近くに
12 □ |名| 大学
13 □ |名| (アメリカ)合衆国
14 □ |名| 教授
15 □ |名| 祖父, 祖母

2 | MY FAMILY　家族の紹介

解答・考え方は別冊 **P.4**

☆☆次の英文を読んで，あとの設問に答えなさい。　　　　　　　（20点×5）

フレッドが自分の家族ついて紹介しています。

My father is a professor at Yokohama University. He speaks Japanese very well.　My mother doesn't work now.　She speaks Japanese too, but ❶<u>she can't speak it as well as my father.</u>

I have one brother and one sister.　My brother's name is Bob, and my ❷<u>sister's</u> is Kate.　Bob is eleven and Kate is eight.　They both go to the American School in Tokyo.

I have grandparents in the U.S.　They live in a small town near Los Angeles.

 13

(1) as ～ as の否定文　下線部❶を日本文になおしなさい。

（　　　　　　　　　　　　　　　　　　　　　　　　　　　　）

(2) 省　　　略　下線部❷のあとに省略されている1語を書きなさい。

_____

(3) 内 容 の 理 解　次の質問に英文で答えなさい。

(a)　Is Bob older than Kate?

_____

(b)　Who speaks Japanese better, Fred's father or mother?

_____

(c)　Where in the U.S. do Fred's grandparents live?

_____

ポイント

(1) as ～ as ... は「…と同じくらい～」の意味だが…。

☞**チェック6**

(2)省略されるからには，前に何かあるはず。

(3)(a)英文6～7行目に注目する。

☞**チェック7**

(b)英文3～4行目に注目する。

☞**チェック12**

(c)最後の2文に注目する。

Nice to meet you. はじめまして

単語・熟語の解説は別冊 P.4・5

意味 意味を書いてみましょう。 練習 つづりの練習をして覚えましょう。

STEP1 ●基礎

1 □ **city** [síti] スィティ 　意味＿＿＿＿＿　練習＿＿＿＿＿＿＿＿＿＿＿＿＿＿

2 □ **high** [hái] ハイ 　意味＿＿＿＿＿　練習＿＿＿＿＿＿＿＿＿＿＿＿＿＿

3 □ **building** [bíldiŋ] ビルディング 意味＿＿＿＿＿　練習＿＿＿＿＿＿＿＿＿＿＿＿＿＿

4 □ **will** [wíl] ウィル 　意味＿＿＿＿＿　練習＿＿＿＿＿＿＿＿＿＿＿＿＿＿

5 □ **go back** 　意味＿＿＿＿＿　練習＿＿＿＿＿＿＿＿＿＿＿＿＿＿

STEP2 ●中級

6 □ **hometown** [hóumtáun] ホウムタウン 意味＿＿＿＿＿＿　練習＿＿＿＿＿＿＿＿＿＿＿＿

7 □ **Pacific** [pəsífik] パスィフィック 意味＿＿＿＿＿　練習＿＿＿＿＿＿＿＿＿＿＿＿＿＿

8 □ **coast** [kóust] コウスト 　意味＿＿＿＿＿　練習＿＿＿＿＿＿＿＿＿＿＿＿＿＿

9 □ **center** [séntər] センタァ 　意味＿＿＿＿＿　練習＿＿＿＿＿＿＿＿＿＿＿＿＿＿

10 □ **be born** 　意味＿＿＿＿＿　練習＿＿＿＿＿＿＿＿＿＿＿＿＿＿

11 □ **out of ～** 　意味＿＿＿＿＿　練習＿＿＿＿＿＿＿＿＿＿＿＿＿＿

STEP3 ●上級

12 □ **suburb** [sʌ́bəːrb] サバーブ 意味＿＿＿＿＿＿　練習＿＿＿＿＿＿＿＿＿＿＿＿

13 □ **in the suburbs of ～** 意味＿＿＿＿＿＿　練習＿＿＿＿＿＿＿＿＿＿＿＿

14 □ **downtown** [dáuntáun] ダウンタウン 意味＿＿＿＿＿＿　練習＿＿＿＿＿＿＿＿＿＿＿＿

15 □ **L.A.** [èléi] エルエイ 　意味＿＿＿＿＿　練習＿＿＿＿＿＿＿＿＿＿＿＿＿＿

▼▽▼▽▼▽▼▽▼▽▼▽▼▽▼▽▼▽▼▽ 単語・熟語の意味 ▽▼▽▼▽▼▽▼▽▼▽▼▽▼▽▼▽▼▽

1 □ 名 都市，都会，市　　6 □ 名 故郷，ふるさと　　11 □ 熟 ～(の中)から

2 □ 形 高い　　　　　　　7 □ 形 太平洋の　　　　　12 □ 名 郊外

3 □ 名 建物，ビルディング　8 □ 名 沿岸，海岸　　　　13 □ 熟 ～の郊外に

4 □ 助 ～でしょう　　　　9 □ 名 中心(地)　　　　　14 □ 副 町の中心〔繁華〕街に

5 □ 熟 帰る，もどる　　　10 □ 熟 生まれる　　　　　15 □ 名 (略称)ロサンゼルス

▼▽

☆☆次の英文を読んで，あとの設問に答えなさい。　　　　　　　　　　　（20点×5）

フレッドが自分のふるさとについて話しています。

　My hometown is Los Angeles, California.　Los Angeles is a very big city on the Pacific coast.　We lived in the suburbs of the city.　It takes about an hour to get downtown by car.　❶There are a lot of high buildings in the center of L.A.

　My grandmother and grandfather were born in New York, but now they live in a small town near L.A.

　My uncle and his family are living in our house in the suburbs now.　❷They will move out of the house when we go back to America.

🔊 15

(1)　[熟語などの知識]　下線部❶・❷を日本文になおしなさい。

　　❶　（　　　　　　　　　　　　　　　　　　　　　　　　　　　）

　　❷　（　　　　　　　　　　　　　　　　　　　　　　　　　　　）

(2)　[内容の理解]　それぞれの質問に(a)は日本語で，(b)・(c)は英文で答えなさい。

　　(a)　日本に来る前にフレッドたちはどこに住んでいましたか。

　　　　（　　　　　　　　　　　　　　　　　　　　　　　　　　　）

　　(b)　Where were Fred's grandparents born?

　　　　＿＿＿＿＿＿＿＿＿＿＿＿＿＿＿＿＿＿＿＿＿＿＿＿＿＿＿

　　(c)　Who is living in Fred's house in the suburbs now?

　　　　＿＿＿＿＿＿＿＿＿＿＿＿＿＿＿＿＿＿＿＿＿＿＿＿＿＿＿

◇◆ポイント◆◇

(1)❶ There are ～. は「～がある」の意味。
☞チェック13

❷ will は未来を表す助動詞。
☞チェック16

out of, go back の意味にも注意。

◀左ページを見よ

(2)(a)英文2～3行目に注目。
(b)英文6～7行目に注目。
(c)英文8～9行目に注目。

Nice to meet you. はじめまして

単語・熟語の解説は別冊 P.5

意味 意味を書いてみましょう。 練習 つづりの練習をして覚えましょう。

STEP1 ●基礎

1 □ be from ～ 　意味＿＿＿＿＿＿ 練習＿＿＿＿＿＿＿＿＿＿＿
2 □ year [jíər] イア 　意味＿＿＿＿＿＿ 練習＿＿＿＿＿＿＿＿＿＿＿
3 □ ago [əgóu] アゴウ 　意味＿＿＿＿＿＿ 練習＿＿＿＿＿＿＿＿＿＿＿
4 □ work [wə́:rk] ワーク 　意味＿＿＿＿＿＿ 練習＿＿＿＿＿＿＿＿＿＿＿
5 □ station [stéiʃən] ステイション 意味＿＿＿＿＿＿ 練習＿＿＿＿＿＿＿＿＿＿＿
6 □ hope [hóup] ホウプ 　意味＿＿＿＿＿＿ 練習＿＿＿＿＿＿＿＿＿＿＿
7 □ if [if] イフ 　意味＿＿＿＿＿＿ 練習＿＿＿＿＿＿＿＿＿＿＿
8 □ be able to ～ 　意味＿＿＿＿＿＿ 練習＿＿＿＿＿＿＿＿＿＿＿

STEP2 ●中級

9 □ office [ɔ́:fis] オーフィス 　意味＿＿＿＿＿＿ 練習＿＿＿＿＿＿＿＿＿＿＿
10 □ parent [péərənt] ペアレント 意味＿＿＿＿＿＿ 練習＿＿＿＿＿＿＿＿＿＿＿
11 □ be afraid of ～ 意味＿＿＿＿＿＿ 練習＿＿＿＿＿＿＿＿＿＿＿
12 □ mistake [mistéik] ミステイク 意味＿＿＿＿＿＿ 練習＿＿＿＿＿＿＿＿＿＿＿
13 □ make a mistake 意味＿＿＿＿＿＿ 練習＿＿＿＿＿＿＿＿＿＿＿

STEP3 ●上級

14 □ one piece of ～ 意味＿＿＿＿＿＿ 練習＿＿＿＿＿＿＿＿＿＿＿
15 □ advice [ədváis] アドヴァイス 意味＿＿＿＿＿＿ 練習＿＿＿＿＿＿＿＿＿＿＿

▼▼▼▼▼▼▼▼▼▼▼▼▼▼▼▼▼▼ 単語・熟語の意味 ▼▼▼▼▼▼▼▼▼▼▼▼▼▼▼▼▼

1 □ 熟 ～の出身である　　6 □ 動 望む　　　　　　11 □ 熟 ～をおそれる
2 □ 名 年，1年間　　　　7 □ 接 もし～なら　　　12 □ 名 まちがい，誤り
3 □ 副 ～前に　　　　　　8 □ 熟 ～することができる　13 □ 熟 まちがえる
4 □ 動 働く，勉強する　　9 □ 名 事務所，会社　　14 □ 熟 1つの～
5 □ 名 駅　　　　　　　10 □ 名 親　　　　　　　15 □ 名 助言，アドバイス

▲▲▲

☆☆次の英文を読んで，あとの設問に答えなさい。　　　　　　　　(20点×5)

新しい ALT のウェスト先生が自己紹介をしています。

Hello, class.　My name is Kathy West.　I'm from Australia.

This is not my first stay in Japan.　I was in Japan for a year about ten years ago.　My father was working in an office in Tokyo.　My parents and I were living near Shibuya Station.

I'll teach you English this year.　I hope you'll work hard at your English, and if you do ①that, ②you'll be able to speak English very well.

I have one piece of advice for you: ③don't be afraid of making mistakes when you speak English.

🔊 17

(1) 代名詞の理解　下線部①の内容を日本語で説明しなさい。

(　　　　　　　　　　　　　　　　　　　　　　)

(2) 熟語などの知識　下線部②・③を日本文になおしなさい。

②　(　　　　　　　　　　　　　　　　　　　)

③　(　　　　　　　　　　　　　　　　　　　)

(3) 内容の理解　本文の内容と合うものを２つ選び，○をつけなさい。

ア 〔　　〕　ウェスト先生はオーストラリアの出身である。

イ 〔　　〕　ウェスト先生は今回が初めての日本滞在になる。

ウ 〔　　〕　ウェスト先生の父親は，家族を残して１人で東京で働いていた。

エ 〔　　〕　ウェスト先生は 10 年ほど前両親といっしょに日本に住んでいた。

○○○ポイント○○○

(1) I hope のあとに続く文の内容を考える。

(2)② be able to ～の意味に注意。

☞チェック**20**

③ making は動名詞で，前置詞 of の目的語になる。

☞チェック**25**

(3)ア第３文に注目。
イ英文３行目に注目。
ウ英文４～６行目に注目。
エ英文３～６行目に注目。

Nice to meet you. はじめまして

単語・熟語の解説は別冊 P.6

意味 意味を書いてみましょう。 練習 つづりの練習をして覚えましょう。

STEP 1 ●基礎

1 □ **anything** [éniθiŋ] エニィスィング 意味＿＿＿＿＿ 練習＿＿＿＿＿＿＿＿＿＿＿＿＿＿＿

2 □ **do** [dú:] ドゥー 意味＿＿＿＿＿ 練習＿＿＿＿＿＿＿＿＿＿＿＿＿＿＿

3 □ **nothing** [nʌ́θiŋ] ナスィング 意味＿＿＿＿＿ 練習＿＿＿＿＿＿＿＿＿＿＿＿＿＿＿

4 □ **why** [hwái] ホワイ 意味＿＿＿＿＿ 練習＿＿＿＿＿＿＿＿＿＿＿＿＿＿＿

5 □ **ask** [ǽsk] アスク 意味＿＿＿＿＿ 練習＿＿＿＿＿＿＿＿＿＿＿＿＿＿＿

6 □ **always** [ɔ́:lweiz] オールウェイズ 意味＿＿＿＿＿ 練習＿＿＿＿＿＿＿＿＿＿＿＿＿＿＿

7 □ **early** [ə́:rli] アーリィ 意味＿＿＿＿＿ 練習＿＿＿＿＿＿＿＿＿＿＿＿＿＿＿

8 □ **really** [rí:əli] リーアリィ 意味＿＿＿＿＿ 練習＿＿＿＿＿＿＿＿＿＿＿＿＿＿＿

9 □ **then** [ðén] ゼン 意味＿＿＿＿＿ 練習＿＿＿＿＿＿＿＿＿＿＿＿＿＿＿

10 □ **Can you ～?** 意味＿＿＿＿＿ 練習＿＿＿＿＿＿＿＿＿＿＿＿＿＿＿

STEP 2 ●中級

11 □ **special** [spéʃəl] スペシャル 意味＿＿＿＿＿ 練習＿＿＿＿＿＿＿＿＿＿＿＿＿＿＿

12 □ **ticket** [tíkit] ティケット 意味＿＿＿＿＿ 練習＿＿＿＿＿＿＿＿＿＿＿＿＿＿＿

13 □ **final** [fáinl] ファイヌル 意味＿＿＿＿＿ 練習＿＿＿＿＿＿＿＿＿＿＿＿＿＿＿

14 □ **on TV** 意味＿＿＿＿＿ 練習＿＿＿＿＿＿＿＿＿＿＿＿＿＿＿

STEP 3 ●上級

15 □ **Nothing special.** 意味＿＿＿＿＿ 練習＿＿＿＿＿＿＿＿＿＿＿＿＿＿＿

▼▲▼▲▼▲▼▲▼▲▼▲▼▲▼▲▼▲▼▲ 単語・熟語の意味 ▼▲▼▲▼▲▼▲▼▲▼▲▼▲▼▲▼▲

1 □代 (疑問文で)何か
2 □動 する
3 □代 何も～ない
4 □副 なぜ
5 □動 たずねる

6 □副 いつも，つねに
7 □副 早く
8 □副 ほんとうに
9 □副 それでは
10 □熟 ～してくれますか。

11 □形 特別の，格別の
12 □名 切符，チケット
13 □名 決勝戦
14 □熟 テレビで
15 □熟 特にありません。

▼▲

☆☆次の英文を読んで，あとの設問に答えなさい。　　　　　　　　　(20点×5)

遼とフレッドが放課後に教室で何か話しています。

Ryo :　❶Do you have anything to do this evening?

Fred :　Nothing special.　Why do you ask?

Ryo :　Look!　I have two tickets ❷to see the All Japan Rugby Championship.　Today's game is the final.

Fred :　Wow!　I'm a great fan of rugby!

Ryo :　I know that.　❸You always go home early when there is a good rugby game on TV.

Fred :　Yes, you're right.　I really want ❹to see it.

Ryo :　Then can you come to my house at five?

Fred :　Sure.

Ryo :　[❺]

Fred :　OK.

[注]　the All Japan Rugby Championship：全日本ラグビー選手権

🔊 19

(1)　[不定詞・接続詞]　下線部❶・❸を日本文になおしなさい。

❶　(　　　　　　　　　　　　　　　　　　　　　　　　　　　　)

❸　(　　　　　　　　　　　　　　　　　　　　　　　　　　　　)

(2)　[不定詞の用法]　下線部❷・❹と同じ用法の不定詞を1つずつ選びなさい。

❷〔　　〕　　❹〔　　〕

ア　Do you like to go shopping with your friends?

イ　She will go to New York to see her aunt.

ウ　Please give me something to eat.

エ　Meg was so happy to hear the news.

(3)　[助動詞・内容の理解]　[❺] にあてはまる文を1つ選びなさい。

ア　You may be late.

イ　You must not be late.

ウ　We can be very late.

◇◇ポイント◇◇

(1)❶ to do ... は anything を修飾。
☞チェック**23**

❸ when は「～するとき」の意味の接続詞。☞チェック**38**

(2)❷形容詞的用法。
❹名詞的用法。
☞チェック**21～23**

(3) O.K. は「わかった」の意味なので，これに合う内容を考える。☞チェック**17**

いろいろな職業

judge
チャッヂ
[dʒʌ́dʒ]

裁判官

lawyer
ローヤァ
[lɔ́:jər]

弁護士

doctor
ダクタァ
[dáktər]

医者

nurse
ナース
[nə́:rs]

看護師

teacher
ティーチャァ
[tí:tʃər]

先生，教師

professor
プロフェッサァ
[prəfésər]

教授

scientist
サイエンティスト
[sáiəntist]

科学者

architect
アーキテクト
[á:rkətèkt]

建築家

artist
アーティスト
[á:rtist]

芸術家

musician
ミューズィシャン
[mju:zíʃən]

音楽家

pianist
ピアニスト
[piǽnist]

ピアニスト

singer
スィンガァ
[síŋər]

歌手

journalist
チャーナリスト
[dʒə́:rnəlist]

ジャーナリスト

illustrator
イラストゥレイタァ
[íləstrèitər]

イラストレーター

statesperson
ステイツパーソン
[stéitspə́:rsn]

政治家

captain
キャプテン
[kǽptən]

船長

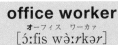

pilot
パイロット
[páilət]

パイロット

flight attendant
フライト　アテンダント
[fláit ətèndənt]

客室乗務員

secretary
セクレテリィ
[sékrətèri]

秘書

office worker
オーフィス　ワーカァ
[ɔ́:fis wə̀:rkər]

会社員

storekeeper
ストーァキーパァ
[stɔ́:rkì:pər]

店主

cook
クック
[kúk]

コック

florist
フローリスト
[flɔ́:rist]

花屋

police officer
ポリース　オーフィサァ
[pəlí:s ɔ̀:fisər]

警官

fire fighter
ファイア　ファイタァ
[fáiər fàitər]

消防士

guard
ガード
[gá:rd]

警備員

conductor
コンダクタァ
[kəndʌ́ktər]

車掌

mail carrier
メイル　キャリァ
[méil kæ̀riər]

郵便配達員

farmer
ファーマァ
[fá:rmər]

農場経営者

fisher
フィシャ
[fíʃər]

漁師

carpenter
カーペンタァ
[ká:rpəntər]

大工

painter
ペインタァ
[péintər]

ペンキ屋・画家

はじめまして

月　日

点

解答は別冊 **P.6・7**

1 次の英語は日本語に，日本語は英語になおしなさい。 （2点×18）

(1) always （　　　　　）　(2) parent （　　　　　）

(3) mistake （　　　　　）　(4) building （　　　　　）

(5) coast （　　　　　）　(6) town （　　　　　）

(7) really （　　　　　）　(8) teach （　　　　　）

(9) 遅れた ＿＿＿＿＿＿　(10) 何も～ない ＿＿＿＿＿＿

(11) 働く ＿＿＿＿＿＿　(12) 駅 ＿＿＿＿＿＿

(13) ～の近くに ＿＿＿＿＿＿　(14) 切符 ＿＿＿＿＿＿

(15) 都市，市 ＿＿＿＿＿＿　(16) （高さが）高い ＿＿＿＿＿＿

(17) 小さい ＿＿＿＿＿＿　(18) 名前 ＿＿＿＿＿＿

2 次の AB と CD の関係がほぼ同じになるように，D に適語を入れなさい。 （2点×6）

	A	B	C	D
(1)	brother	sister	father	＿＿＿＿＿
(2)	piano	pianist	science	＿＿＿＿＿
(3)	7 days	week	12 months	＿＿＿＿＿
(4)	book	books	city	＿＿＿＿＿
(5)	United States	U.S.	Los Angeles	＿＿＿＿＿
(6)	America	American	Japan	＿＿＿＿＿

3 次の語群を，日本文に合うように並べかえなさい。 （6点×2）

(1) 彼は昨日ここに来ませんでした。

(here / he / not / come / yesterday / did / .)

＿＿＿＿＿＿＿＿＿＿＿＿＿＿＿＿＿＿＿＿＿＿＿＿

(2) あなたはそのパーティーに行きたかったのですか。

(to / to / you / go / did / party / the / want / ?)

＿＿＿＿＿＿＿＿＿＿＿＿＿＿＿＿＿＿＿＿＿＿＿＿

4 次の英文は **Saki** のスピーチです。これを読んで，あとの設問に英語で答えなさい。

（10点×4）

Hello, everyone. What do you want to be in the future? My dream is to become a doctor. I will tell you about it.

Last summer, I stayed at my grandmother's house in a very small village for a week. My grandmother likes cooking very much, and I enjoyed her wonderful food every day. There are only about 100 people in the village. They were very nice and kind. I enjoyed life in the village, and I wanted to stay there longer.

But the village has a problem. There is no doctor there. When people become sick, they have to go to a hospital in the next city. My grandmother doesn't have a car, and no one lives with her now. So if she becomes sick and needs to go to the hospital, she has to take a bus for about an hour. I worry about this. My father and mother also worry about this.

Many villages in Japan don't have a hospital or a doctor. I want to do something about this. I want to help people there. So I want to be a doctor and work for small villages. I will study very hard to become a good and kind doctor. Thank you.

[注] dream：夢   become：～になる   village：村   sick：病気の
hospital：病院   need：必要がある   worry about ～：～を心配する   ◀)) 23

(1) When did Saki visit her grandmother?

_____

(2) Where is her grandmother's house?

_____

(3) How does Saki's grandmother usually go to the hospital?

_____

(4) Why does Saki want to be a doctor?

_____

E-mails and Letters メールや手紙を書こう

単語・熟語の解説は別冊 P.7

意味 意味を書いてみましょう。 練習 つづりの練習をして覚えましょう。

STEP1 ●基礎

1 □ **March** [máːrtʃ] マーチ 意味＿＿＿＿＿＿ 練習＿＿＿＿＿＿＿＿＿＿＿＿＿

2 □ **glad** [glǽd] グラッド 意味＿＿＿＿＿＿ 練習＿＿＿＿＿＿＿＿＿＿＿＿＿

3 □ **news** [n(j)úːz] ヌーズ 意味＿＿＿＿＿＿ 練習＿＿＿＿＿＿＿＿＿＿＿＿＿

4 □ **be going to ～** 意味＿＿＿＿＿＿ 練習＿＿＿＿＿＿＿＿＿＿＿＿＿

5 □ **student** [st(j)úːdənt] ストゥーデント 意味＿＿＿＿＿＿ 練習＿＿＿＿＿＿＿＿＿＿＿＿＿

6 □ **must** [mʌ́st] マスト 意味＿＿＿＿＿＿ 練習＿＿＿＿＿＿＿＿＿＿＿＿＿

7 □ **have to ～** 意味＿＿＿＿＿＿ 練習＿＿＿＿＿＿＿＿＿＿＿＿＿

8 □ **something** [sʌ́mθiŋ] サムスィング 意味＿＿＿＿＿＿ 練習＿＿＿＿＿＿＿＿＿＿＿＿＿

STEP2 ●中級

9 □ **pass** [pǽs] パス 意味＿＿＿＿＿＿ 練習＿＿＿＿＿＿＿＿＿＿＿＿＿

10 □ **exam** [igzǽm] イグザム 意味＿＿＿＿＿＿ 練習＿＿＿＿＿＿＿＿＿＿＿＿＿

11 □ **heard** [háːrd] ハード 意味＿＿＿＿＿＿ 練習＿＿＿＿＿＿＿＿＿＿＿＿＿

12 □ **said** [séd] セッド 意味＿＿＿＿＿＿ 練習＿＿＿＿＿＿＿＿＿＿＿＿＿

13 □ **enter** [éntər] エンタァ 意味＿＿＿＿＿＿ 練習＿＿＿＿＿＿＿＿＿＿＿＿＿

STEP3 ●上級

14 □ **entrance** [éntrəns] エントゥランス 意味＿＿＿＿＿＿ 練習＿＿＿＿＿＿＿＿＿＿＿＿＿

15 □ **one of these days** 意味＿＿＿＿＿＿ 練習＿＿＿＿＿＿＿＿＿＿＿＿＿

▼▲▼▲▼▲▼▲▼▲▼▲▼▲▼▲▼▲▼▲▼ 単語·熟語の意味 ▼▲▼▲▼▲▼▲▼▲▼▲▼▲▼▲▼

1 □ 名 3月　　　　　　　6 □ 助 ～にちがいない　　　11 □ 動 hear(聞く)の過去形

2 □ 形 うれしい　　　　　7 □ 熟 ～しなければならない　12 □ 動 say(言う)の過去形

3 □ 名 知らせ, ニュース　　8 □ 代 何か　　　　　　　13 □ 動 入る, 入学する

4 □ 熟 ～する予定だ　　　9 □ 動 合格する　　　　　14 □ 名 入ること, 入学

5 □ 名 生徒, 学生　　　　10 □ 名 試験　　　　　　　15 □ 熟 近日中に

▼▲▼

1 CONGRATULATIONS! 合格おめでとう

解答・考え方は別冊 P.7・8

☆☆次の英文を読んで，あとの設問に答えなさい。 　　　　　　　　　　　　(20点×5)

遼はいとこの俊夫に，高校の合格祝いの手紙を書きました。

March 5th, 2021

Dear Toshio,

　　You did it!　You passed the entrance exam!　That's great!　❶I was very glad when I heard the news.

　　❷So you are going to be a high school student next month.　❸Your parents must be very glad, too.

　　My mother said this morning, "❹You have to study harder to enter high school."　I think so, too.

　　Toshio, will you come to my house one of these days and tell me something about the entrance exam?

　　　　　　　　　　　　　　　　　　　　　　　　From

　　　　　　　　　　　　　　　　　　　　　　　　Ryo

25

(1) 不定詞・未来など　下線部❶・❷と同じ内容になるように，空所を補いなさい。

　　❶　I was very glad ＿＿＿＿＿＿ ＿＿＿＿＿＿ the news.

　　❷　So you ＿＿＿＿＿＿ be a high school student next month.

(2) 助動詞・have to など　下線部❸・❹を日本文になおしなさい。

　　❸　(　　　　　　　　　　　　　　　　　　　　　　　　　)

　　❹　(　　　　　　　　　　　　　　　　　　　　　　　　　)

(3) 内容の理解　遼は俊夫に近日中に来てほしいと言っていますが，その目的は何か日本語で書きなさい。

　　(　　　　　　　　　　　　　　　　　　　　　　　　　　)

◯◯ポイント◯◯

(1)❶「～して」という，原因を表す言い方にする。
☞チェック22
❷未来を表す別な言い方は何か。
☞チェック16
(2)❸この must は義務を表すものではない。☞チェック17
❹to enter は目的を表す副詞的用法。
☞チェック20・22

セクション 2 E-mails and Letters メールや手紙を書こう

単語・熟語の解説は別冊 P.8

意味 意味を書いてみましょう。 練習 つづりの練習をして覚えましょう。

STEP1 ●基礎

1 □ understand [ʌ̀ndərstǽnd] アンダスタンド 意味＿＿＿＿＿＿＿ 練習＿＿＿＿＿＿＿＿＿＿

2 □ more [mɔ́ːr] モーァ 意味＿＿＿＿＿＿ 練習＿＿＿＿＿＿＿＿＿＿

3 □ don't have to ～ 意味＿＿＿＿＿＿ 練習＿＿＿＿＿＿＿＿＿＿

4 □ decide [disáid] ディサイド 意味＿＿＿＿＿＿ 練習＿＿＿＿＿＿＿＿＿＿

5 □ think about ～ 意味＿＿＿＿＿＿ 練習＿＿＿＿＿＿＿＿＿＿

6 □ start [stáːrt] スタート 意味＿＿＿＿＿＿ 練習＿＿＿＿＿＿＿＿＿＿

STEP2 ●中級

7 □ got [gát] ガット 意味＿＿＿＿＿＿ 練習＿＿＿＿＿＿＿＿＿＿

8 □ information [infərméiʃən] インファメイション 意味＿＿＿＿＿＿ 練習＿＿＿＿＿＿＿＿＿＿

9 □ by the way 意味＿＿＿＿＿＿ 練習＿＿＿＿＿＿＿＿＿＿

10 □ junior [dʒúːnjər] チューニャァ 意味＿＿＿＿＿＿ 練習＿＿＿＿＿＿＿＿＿＿

11 □ Why don't you ～? 意味＿＿＿＿＿＿ 練習＿＿＿＿＿＿＿＿＿＿

12 □ girlfriend [gə́ːrlfrènd] ガールフレンド 意味＿＿＿＿＿＿ 練習＿＿＿＿＿＿＿＿＿＿

13 □ fun [fʌ́n] ファン 意味＿＿＿＿＿＿ 練習＿＿＿＿＿＿＿＿＿＿

STEP3 ●上級

14 □ just now 意味＿＿＿＿＿＿ 練習＿＿＿＿＿＿＿＿＿＿

15 □ coming [kʌ́miŋ] カミング 意味＿＿＿＿＿＿ 練習＿＿＿＿＿＿＿＿＿＿

▾▲▾▲▾▲▾▲▾▲▾▲▾▲▾▲▾▲▾▲▾▲▾▲ 単語・熟語の意味 ▾▲▾▲▾▲▾▲▾▲▾▲▾▲▾▲▾▲▾▲

1 □ 動 理解する，わかる
2 □ 形 もっと多くの
3 □ 熟 ～しなくともよい
4 □ 動 決める，決心する
5 □ 熟 ～について考える

6 □ 動 始まる
7 □ 動 get(受け取る)の過去形
8 □ 名 情報，知識
9 □ 熟 ところで
10 □ 名 後輩

11 □ 熟 ～しませんか。
12 □ 名 ガールフレンド
13 □ 名 楽しいこと
14 □ 熟 つい今しがた
15 □ 形 次の

月　　日

点

解答・考え方は別冊 P.8

☆☆次の英文を読んで，あとの設問に答えなさい。　　　　　　　　　　　（20点×5）

Hi, Ryo,

Thank you for your nice letter. I got it just now and read it.

❶I understand you want to get some more information about the entrance exam. I'll visit you next Saturday about two in the afternoon. OK?

By the way, Ryo, which high school do you want to enter? I hope you'll be my junior and we study at the same school.

❷You don't have to decide now, but please think about it.

This coming Sunday is my birthday!! Did you know that?

We're going to have a party at my house. It starts at 4 p.m.

Some of my friends are coming. ❸Why don't you come with your girlfriend? It's going to be a lot of fun!

Toshio

 27

(1) 【不定詞・熟語など】 下線部❶〜❸を日本文になおしなさい。

❶ (　　　　　　　　　　　　　　　　　　　　　　　　　　　)

❷ (　　　　　　　　　　　　　　　　　　　　　　　　　　　)

❸ (　　　　　　　　　　　　　　　　　　　　　　　　　　　)

(2) 【内容の理解】 本文の内容と合うものを2つ選び，○をつけなさい。

ア 〔　〕 Toshio got Ryo's letter but didn't read it.

イ 〔　〕 Toshio is going to visit Ryo on Saturday.

ウ 〔　〕 Toshio's birthday is next Saturday.

エ 〔　〕 Toshio hopes Ryo comes to the birthday party.

○ポイント○

(1) ❶ understand のあとにthatが省略されている。

☞チェック38

❷・❸ don't have to, Why don't you 〜? の意味に注意。

◀左ページを見よ

(2)まず，ア〜エを正確な日本語になおしてみよう。

E-mails and Letters メールや手紙を書こう

単語・熟語の解説は別冊 P.8

意味 意味を書いてみましょう。 練習 つづりの練習をして覚えましょう。

STEP1 ●基礎

1 □ other [ʌ́ðər] **アザァ**　意味＿＿＿＿＿＿　練習＿＿＿＿＿＿＿＿＿＿

2 □ hour [áuər] **アゥア**　意味＿＿＿＿＿＿　練習＿＿＿＿＿＿＿＿＿＿

3 □ talk with ～　意味＿＿＿＿＿＿　練習＿＿＿＿＿＿＿＿＿＿

4 □ enough [inʌ́f] **イナフ**　意味＿＿＿＿＿＿　練習＿＿＿＿＿＿＿＿＿＿

5 □ of course　意味＿＿＿＿＿＿　練習＿＿＿＿＿＿＿＿＿＿

STEP2 ●中級

6 □ anyway [éniwèi] **エニィウェイ**　意味＿＿＿＿＿　練習＿＿＿＿＿＿＿＿＿＿

STEP3 ●上級

7 □ wow [wáu] **ワゥ**　意味＿＿＿＿＿＿　練習＿＿＿＿＿＿＿＿＿＿

8 □ No problem with ～　意味＿＿＿＿＿＿　練習＿＿＿＿＿＿＿＿＿＿

9 □ celebrate [séləbrèit] **セレブレイト**　意味＿＿＿＿＿＿　練習＿＿＿＿＿＿＿＿＿＿

10 □ success [səksés] **サクセス**　意味＿＿＿＿＿＿　練習＿＿＿＿＿＿＿＿＿＿

11 □ eve [íːv] **イーヴ**　意味＿＿＿＿＿＿　練習＿＿＿＿＿＿＿＿＿＿

12 □ attend [əténd] **アテンド**　意味＿＿＿＿＿＿　練習＿＿＿＿＿＿＿＿＿＿

13 □ you know　意味＿＿＿＿＿＿　練習＿＿＿＿＿＿＿＿＿＿

14 □ look forward to ～　意味＿＿＿＿＿＿　練習＿＿＿＿＿＿＿＿＿＿

15 □ if you like　意味＿＿＿＿＿＿　練習＿＿＿＿＿＿＿＿＿＿

▼▲▼▲▼▲▼▲▼▲▼▲▼▲▼▲▼▲▼▲ 単語・熟語の意味 ▼▲▼▲▼▲▼▲▼▲▼▲▼▲▼▲▼▲▼▲

1 □ 形 ほかの　　6 □ 副 とにかく　　11 □ 名 前夜

2 □ 名 時間，1時間　　7 □ 間 わあ，まあ　　12 □ 動 出席する

3 □ 熟 ～と話す　　8 □ 熟 ～はだいじょうぶ　　13 □ 熟 あのね，ほら

4 □ 形 十分な　　9 □ 動 祝う　　14 □ 熟 ～を楽しみに待つ

5 □ 熟 もちろん　　10 □ 名 成功，合格　　15 □ 熟 よろしかったら

▼▲

解答・考え方は別冊 P.8・9

月	日
	点

☆☆次の英文を読んで，あとの設問に答えなさい。 (20点×5)

俊夫からのメールに，遼も返事を送りました。

Hi, Toshio,

Wow, you're coming to my house next Saturday! That's great!

❶No problem with the time of your visit. ❷I have a lot of things to ask you about the entrance exam and other things. I have two or three hours to talk with you. Is that enough?

After that, let's have a party at my house to celebrate your success on the exam and to celebrate the eve of your birthday. Of course I'll attend the party at your home on Sunday ... not with a girlfriend! I don't have a girlfriend, you know :'-(

❸Anyway, I'm looking forward to seeing you on Saturday. You can come with your girlfriend if you like!! Bye for now.

Ryo

🔊 29

(1) **不定詞・動名詞など** 下線部❶〜❸を日本文になおしなさい。

❶ (　　　　　　　　　　　　　　　　　　　　　　　　　　)

❷ (　　　　　　　　　　　　　　　　　　　　　　　　　　)

❸ (　　　　　　　　　　　　　　　　　　　　　　　　　　)

(2) **内 容 の 理 解** 本文の内容と合うものを 2 つ選び，○をつけなさい。

ア 〔　〕 Ryo will go to Toshio's house on Saturday.

イ 〔　〕 Ryo is going to the party without a girlfriend.

ウ 〔　〕 Toshio doesn't want to go to Ryo's house.

エ 〔　〕 Ryo wants to see Toshio very much.

◯**ポイント**◯

(1)❶ No problem の意味に注意。

◀**左ページ**を見よ

❷ to ask ... は形容詞的用法の不定詞。

☞**チェック23**

❸ look forward to 〜の意味に注意。

◀**左ページ**を見よ

(2)ア主語に注意。

ウ否定文になっている。

29

セクション 2 E-mails and Letters メールや手紙を書こう

単語・熟語の解説は別冊 P.9

意味 意味を書いてみましょう。 練習 つづりの練習をして覚えましょう。

STEP1 ●基礎

1 ☐ **stop** [stάp] 意味＿＿＿＿ 練習＿＿＿＿＿＿＿＿＿＿＿＿

2 ☐ **life** [láif] 意味＿＿＿＿ 練習＿＿＿＿＿＿＿＿＿＿＿＿

3 ☐ **so** [sóu] 意味＿＿＿＿ 練習＿＿＿＿＿＿＿＿＿＿＿＿

4 ☐ **only** [óunli] 意味＿＿＿＿ 練習＿＿＿＿＿＿＿＿＿＿＿＿

5 ☐ **until** [əntíl] 意味＿＿＿＿ 練習＿＿＿＿＿＿＿＿＿＿＿＿

6 ☐ **wait for ～** 意味＿＿＿＿ 練習＿＿＿＿＿＿＿＿＿＿＿＿

7 ☐ **if** [íf] 意味＿＿＿＿ 練習＿＿＿＿＿＿＿＿＿＿＿＿

8 ☐ **best** [bést] 意味＿＿＿＿ 練習＿＿＿＿＿＿＿＿＿＿＿＿

STEP2 ●中級

9 ☐ **dance** [dǽns] 意味＿＿＿＿ 練習＿＿＿＿＿＿＿＿＿＿＿＿

10 ☐ **unhappy** [ʌnhǽpi] 意味＿＿＿＿ 練習＿＿＿＿＿＿＿＿＿＿

11 ☐ **talk to ～** 意味＿＿＿＿ 練習＿＿＿＿＿＿＿＿＿＿＿＿

12 ☐ **thing** [θíŋ] 意味＿＿＿＿ 練習＿＿＿＿＿＿＿＿＿＿＿＿

STEP3 ●上級

13 ☐ **darling** [dά:rliŋ] 意味＿＿＿＿ 練習＿＿＿＿＿＿＿＿＿＿

14 ☐ **beautifully** [bjú:təfəli] 意味＿＿＿＿ 練習＿＿＿＿＿＿＿＿

15 ☐ **write back** 意味＿＿＿＿ 練習＿＿＿＿＿＿＿＿＿＿＿＿

単語・熟語の意味

1 ☐ 動 やめる
2 ☐ 名 人生，一生
3 ☐ 副 とても，そんなに
4 ☐ 副 ただ～だけ
5 ☐ 前 ～まで

6 ☐ 熟 ～を待つ
7 ☐ 接 もし～ならば
8 ☐ 形 (good の最上級)
9 ☐ 動 踊る，ダンスをする
10 ☐ 形 不幸な，悲しい

11 ☐ 熟 ～と話す
12 ☐ 名 事，物
13 ☐ 形 最愛の
14 ☐ 副 美しく，見事に
15 ☐ 熟 返事を書く

4 LOVE LETTERS① ラブレター①

解答・考え方は別冊 P.9

☆☆次の英文を読んで，あとの設問に答えなさい。　　　　　　　　(20点×5)

ビルはジャネットのことを忘れられなくなってしまったようです。

Sept. 11th, 2021

My darling Janet,

　I can't stop ①(think) about you.　Last night when I was with you, it was the ②(happy) time of my life.　You danced so beautifully.　You were the ③ beautiful girl at the party.　When I'm not with you, I'm so unhappy.　I only want to be with you and talk to you.

　④You say you can't see me until next Sunday.　I can't wait for next Sunday.　When you get this letter, will you write back soon?　⑤If I can't see you, a letter is the next best thing.　I think I love you.

With all my love,

Bill

31

(1) [stop の目的語] ①の( )内の語を適切な形にかえなさい。

＿＿＿＿＿＿＿＿

(2) [比 較 の 文] ②の( )内の語を適切な形にかえなさい。

＿＿＿＿＿＿＿＿

(3) [比 較 の 文] ③ にあてはまる語を1つ選びなさい。

ア　more　　イ　most　　ウ　better　　エ　best

(4) [接 続 詞 な ど] 下線部④・⑤を日本文になおしなさい。

④　(　　　　　　　　　　　　　　　　　　　　　)

⑤　(　　　　　　　　　　　　　　　　　　　　　)

○◎ポイント◎○

(1)不定詞は stop の目的語になれるのか。
☞チェック25

(2)直前の the に注意。
☞チェック8

(3)まず比較級か最上級かを考える。
☞チェック9

(4)④省かれた that,
⑤ if に注意。
☞チェック38

31

E-mails and Letters メールや手紙を書こう

単語・熟語の解説は別冊 P.9

意味 意味を書いてみましょう。 練習 つづりの練習をして覚えましょう。

STEP1 ●基礎

① □ **watch** [wátʃ] ワッチ 意味＿＿＿＿ 練習＿＿＿＿＿＿＿＿＿＿

② □ **also** [ɔ́:lsou] オールソウ 意味＿＿＿＿ 練習＿＿＿＿＿＿＿＿＿＿

③ □ **another** [ənʌ́ðər] アナザァ 意味＿＿＿＿ 練習＿＿＿＿＿＿＿＿＿＿

④ □ **send** [sénd] センド 意味＿＿＿＿ 練習＿＿＿＿＿＿＿＿＿＿

STEP2 ●中級

⑤ □ **silly** [síli] スィリィ 意味＿＿＿＿ 練習＿＿＿＿＿＿＿＿＿＿

⑥ □ **notice** [nóutis] ノウティス 意味＿＿＿＿ 練習＿＿＿＿＿＿＿＿＿＿

⑦ □ **hand in hand** 意味＿＿＿＿ 練習＿＿＿＿＿＿＿＿＿＿

⑧ □ **opposite** [ápəzit] アポズィット 意味＿＿＿＿ 練習＿＿＿＿＿＿＿＿＿＿

⑨ □ **date** [déit] デイト 意味＿＿＿＿ 練習＿＿＿＿＿＿＿＿＿＿

STEP3 ●上級

⑩ □ **show up** 意味＿＿＿＿ 練習＿＿＿＿＿＿＿＿＿＿

⑪ □ **boyfriend** [bɔ́ifrènd] ボイフレンド 意味＿＿＿＿ 練習＿＿＿＿＿＿＿＿＿＿

⑫ □ **go on a date** 意味＿＿＿＿ 練習＿＿＿＿＿＿＿＿＿＿

⑬ □ **not ～ any more** 意味＿＿＿＿ 練習＿＿＿＿＿＿＿＿＿＿

⑭ □ **as you know** 意味＿＿＿＿ 練習＿＿＿＿＿＿＿＿＿＿

⑮ □ **tear ～ to pieces** 意味＿＿＿＿ 練習＿＿＿＿＿＿＿＿＿＿

▽▲▽▲▽▲▽▲▽▲▽▲▽▲▽▲▽▲▽▲ 単語・熟語の意味 ▽▲▽▲▽▲▽▲▽▲▽▲▽▲▽▲▽▲▽▲

① □動 見る，見守る　　⑥ □動 気づく　　　　　⑪ □名 ボーイフレンド

② □副 ～もまた　　　　⑦ □熟 手を取りあって　⑫ □熟 デートに出かける

③ □形 もう1つの，別の　⑧ □前 ～の向こう側に　⑬ □熟 もはや～ない

④ □動 送る　　　　　　⑨ □名 デート　　　　　⑭ □熟 知っての通り

⑤ □形 愚かな，ばかな　⑩ □熟 現れる，来る　　⑮ □熟 ～をずたずたに引き裂く

▽▲

解答・考え方は別冊 P.9・10

☆☆次の英文を読んで，あとの設問に答えなさい。　　　　　　　　（25点×4）

ジャネットは約束の場所に現れず，その後のビルの手紙にも返事はありませんでした。

Dear Janet,

　I now know I am silly.　You didn't write to me.　You didn't show up at the station.

　You didn't notice me —— I was watching you there. You and a tall boy were walking along hand in hand opposite the station.　Is he your brother?　Is he your cousin?　①No!　②He must be your new boyfriend.

　③I can see that you are not going to go on a date with me any more.　④I'm also not going to write another letter to you.　I wrote three letters to you, as you know. Please tear them to pieces, or send them back to me.

　　　　　　　　　　　　　　　　　　　　From

　　　　　　　　　　　　　　　　　　　Bill

🔊 33

(1) 　内容の理解　　下線部①の "No!" はどのようなことを否定しているのか，ビルの立場になって具体的に日本語で書きなさい。

　（　　　　　　　　　　　　　　　　　　　　　　　　）

(2) 　助動詞・接続詞など　　下線部②・③を日本文になおしなさい。

　❷　（　　　　　　　　　　　　　　　　　　　　　　）

　❸　（　　　　　　　　　　　　　　　　　　　　　　）

(3) 　未来の否定文　　下線部④と同じ内容になるように空所を補いなさい。

　I _____ write another letter to you, either.

○◁ポイント▷○

(1)直前の2文に注目。

(2)❷ must の意味は？ ☞チェック17

❸ that 以下が see の目的語。not ～ any more にも注意。

◀左ページを見よ

(3)未来の否定文になる。短縮形が入る。
☞チェック16

まとめて覚えよう②

手紙の書き方

封筒の書き方

❶ Ryo YAMADA
4-10-18, Takanawa
Minato-ku, Tokyo
108-8617　JAPAN

❷

BY AIR MAIL
❹

❸ Mr. Steve White
1830 Clover Street
Rochester, New York 14618
U.S.A.

❶自分の姓名と住所
❷切手
❸相手の姓名と住所
❹航空郵便の指定

❶自分の姓名

　Ryo Yamada でも Yamada Ryo のどちらでもよいが，姓を大文字で YAMADA とすれば，相手には山田が姓だとわかります。

❶自分の住所

　書く順序は「番地，町名，都市名，郵便番号，国名」の順にします。「町，区，県」などはローマ字で書くほうがわかりやすいでしょう。

❷切手

　航空郵便の料金は送る地域によって異なるので，前もって，確かめておきましょう。

❸相手の姓名と住所

　相手の人が書いてきたものをその通りに写します。なお，上の 14618 というのは郵便番号(zip code)です。

❹航空郵便の指定

　印刷されていない封筒には BY［または VIA］AIR MAIL と書きましょう。

↑アメリカのポスト

↑アメリカの郵便集配車

本文の書き方

❶自分の姓名と
　住所(省略可)

❷日付

❸初めのあいさつ

❹本文

❹本文

❺終わりのあいさつ

❻署名

❼姓名

❽追伸

❶自分の姓名と住所

　　封筒と同じでよいが，相手がもう知っているときは省略してよい。

❷日付

　　アメリカ式では May 5th, 2021,
イギリス式では 5th May, 2021 のように書きます。

❸初めのあいさつ

　　ふつうは Dear ～，で始めます。
親しい人には，Hello[Hi] ～，のように書くことがあります。

❹本文

　　パラグラフごとに，書き出しの部分は数字分引っ込めて書きます。

❺終わりのあいさつ

　　ふつう次のものが使われます。
Love（親しい間がら），
Yours（親しい間がら），
Your pen pal（ペンフレンド用）

❻署名

　　他の部分は印刷したものでもよいが，ここだけは手書きにします。

❼姓名

　　署名の下にタイプなどでわかりやすく姓名を書くこともあります。

❽追伸

　　P.S.[post script の略]と書いて，そのあとに続けます。

メールや手紙を書こう

解答は別冊 P.10

1 次の英語は日本語に，日本語は英語になおしなさい。　　　　　　（2点×18）

(1)	decide	（　　　　）	(2)	information	（　　　　）
(3)	pass	（　　　　）	(4)	news	（　　　　）
(5)	glad	（　　　　）	(6)	something	（　　　　）
(7)	exam	（　　　　）	(8)	hour	（　　　　）

(9) 見る，見守る　＿＿＿＿＿＿　(10) 話す　＿＿＿＿＿＿

(11) 働く　＿＿＿＿＿＿　(12) 人生　＿＿＿＿＿＿

(13) ～まで　＿＿＿＿＿＿　(14) もし～ならば　＿＿＿＿＿＿

(15) 大学　＿＿＿＿＿＿　(16) もう1つの　＿＿＿＿＿＿

(17) 楽しいこと　＿＿＿＿＿＿　(18) 十分な　＿＿＿＿＿＿

2 次の **AB** と **CD** の関係がほぼ同じになるように，**D** に適語を入れなさい。　（2点×6）

	A	B	C	D
(1)	happy	happily	beautiful	＿＿＿＿＿＿
(2)	go	going	dance	＿＿＿＿＿＿
(3)	old	oldest	good	＿＿＿＿＿＿
(4)	teach	teacher	study	＿＿＿＿＿＿
(5)	say	said	hear	＿＿＿＿＿＿
(6)	live	life	enter	＿＿＿＿＿＿

3 次の語群を，日本文に合うように並べかえなさい。　　　　　　（6点×2）

(1) 私はその本を読むのをやめたくありません。

(want / book / I / the / don't / reading / to / stop / .)

＿＿＿＿＿＿＿＿＿＿＿＿＿＿＿＿＿＿＿

(2) あなたは来月ロンドンを訪れるつもりですか。

(you / to / London / are / visit / going / month / next / ?)

＿＿＿＿＿＿＿＿＿＿＿＿＿＿＿＿＿＿＿

4 次の英文は，つい最近留学を終えてカナダに帰国した高校生のエレンが真美にあてたメールです。これを読んであとの設問に答えなさい。 （8点×5）

Hi Mami,

I came back home to Canada last Sunday, June 20th. It was hot in my hometown when I got home. I had to change planes three times and it took about twenty hours. I left Haneda on Sunday morning, and I got here on the evening of ❶the same day because of the time difference.

Some of my friends came to my house and asked about life in Japan. A friend asked me, "❷What food did you like the best?" I answered, "Sushi and tempura." A few months ago I learned how to make sushi from your mother, and I tried it here. It was not easy, but I enjoyed eating it. Anyway, your mom and I had a wonderful time together.

Mami, you want to visit Canada, right? Summer vacation starts soon. Why don't you come here with your family? I will practice making sushi, so we can enjoy a good time. ❸I hope to see you soon.

Ellen

　［注］ came：come の過去形　　change planes：飛行機を乗り換える

　　　　〜 times：〜回　　took：take（時間がかかる）の過去形

　　　　because of 〜：〜のために　　time difference：時差

　　　　how to 〜：〜のしかた　　together：いっしょに　　🔊 37

---

(1)　下線部❶が指す具体的内容を日本語で書きなさい。　（ 　　　　　　　　　　　 ）

(2)　下線部❷・❸を日本文になおしなさい。

　　❷　（ 　　　　　　　　　　　　　　　　　　　　　　　　　　　　　　　　　　 ）

　　❸　（ 　　　　　　　　　　　　　　　　　　　　　　　　　　　　　　　　　　 ）

(3)　次のそれぞれの質問に 3 語の英語で答えなさい。

　　(a)　Was making sushi easy or difficult for Ellen?

　　　　_____

　　(b)　Who taught Ellen how to make sushi?　　　［注］　taught：teach の過去形

　　　　_____

Shopping and Meals 買い物・食事に出かけよう

単語・熟語の解説は別冊 P.10・11

意味 意味を書いてみましょう。練習 つづりの練習をして覚えましょう。

STEP1 ●基礎

1 □ buy [bái] バイ　意味＿＿＿＿＿　練習＿＿＿＿＿＿＿＿＿＿

2 □ sell [sél] セル　意味＿＿＿＿＿　練習＿＿＿＿＿＿＿＿＿＿

3 □ over there　意味＿＿＿＿＿　練習＿＿＿＿＿＿＿＿＿＿

4 □ a few ～　意味＿＿＿＿＿　練習＿＿＿＿＿＿＿＿＿＿

5 □ look good on ～　意味＿＿＿＿＿　練習＿＿＿＿＿＿＿＿＿＿

STEP2 ●中級

6 □ a pair of ～　意味＿＿＿＿＿　練習＿＿＿＿＿＿＿＿＿＿

7 □ pants [pǽnts] パンツ　意味＿＿＿＿＿　練習＿＿＿＿＿＿＿＿＿＿

8 □ clothing [klóuðiŋ] クロウズィング　意味＿＿＿＿＿　練習＿＿＿＿＿＿＿＿＿＿

9 □ try on ～　意味＿＿＿＿＿　練習＿＿＿＿＿＿＿＿＿＿

10 □ later [léitər] レイタァ　意味＿＿＿＿＿　練習＿＿＿＿＿＿＿＿＿＿

11 □ fit [fít] フィット　意味＿＿＿＿＿　練習＿＿＿＿＿＿＿＿＿＿

STEP3 ●上級

12 □ let's see　意味＿＿＿＿＿　練習＿＿＿＿＿＿＿＿＿＿

13 □ clerk [klə́ːrk] クラーク　意味＿＿＿＿＿　練習＿＿＿＿＿＿＿＿＿＿

14 □ fitting room　意味＿＿＿＿＿　練習＿＿＿＿＿＿＿＿＿＿

15 □ perfectly [pə́ːrfiktli] パーフェクトリィ　意味＿＿＿＿＿　練習＿＿＿＿＿＿＿＿＿＿

▼▲▼▲▼▲▼▲▼▲▼▲▼▲▼▲▼▲（ 単語・熟語の意味 ）▼▲▼▲▼▲▼▲▼▲▼▲▼▲▼▲

1 □ 動 買う　　　　**6** □ 熟 1着の～（ズボンなど）　**11** □ 動 （ぴったり）合う

2 □ 動 売る　　　　**7** □ 名 ズボン　　　　**12** □ 熟 ええと，はて

3 □ 熟 向こうに，あそこに　**8** □ 名 衣類，衣料品　　**13** □ 名 店員，事務員

4 □ 熟 2，3の～　　**9** □ 熟 ～を試着する　　**14** □ 熟 試着室

5 □ 熟 ～に似合う　　**10** □ 副 あとで，～後　　**15** □ 副 完全に，申し分なく

▼▲

AT THE DEPARTMENT STORE デパートで

解答・考え方は別冊 **P.11**

☆☆ 次の英文を読んで，あとの設問に答えなさい。　　　　　　　　　　（20点×5）

遼とフレッドがデパートに買い物に来ています。

Fred :　I want to ❶buy a pair of pants.

Ryo :　Well, let's see.　Oh, they sell men's clothing on the
　　　　second floor.

　　　　　　　　　　⋮

Clerk :　May I help you?

Fred :　Yes, thank you.　❷May I try on this pair of black
　　　　pants?

Clerk :　Certainly.　The fitting room is just over there.

　　　　　　　(A few minutes later)

Fred :　This pair fits me perfectly.　I'll ❸take these.

Ryo :　Yes, ❹the pants look very good on you.

🔊 39

---

(1)　**反　意　語**　下線部❶の反意語を文中から書き出しなさい。

_____

(2)　**熟語などの知識**　下線部❷・❹を日本文になおしなさい。

　　❷　（　　　　　　　　　　　　　　　　　　　　　　　　　）

　　❹　（　　　　　　　　　　　　　　　　　　　　　　　　　）

(3)　**単語の理解**　下線部❸のこの文での意味に最も近いものを１つ
　　選びなさい。

　　　ア　look　　　イ　sell　　　ウ　tell　　　エ　buy

(4)　**内容の理解**　次の質問に英文で答えなさい。

　　Where do they sell men's clothing at this department store?

○●**ポイント**●○

(1)「買う」の反対の意
味を表すのは何か。

(2)❷ May I ～? は
許可を求める言い方。
☞**チェック 17**

❹ look good on ～
の意味は？
◀◀**左ページ**を見よ

(3)流れから意味を考
えてみよう。

(4)紳士服売り場の場
所はどこか？　遼の
発言に注目する。

Shopping and Meals 買い物・食事に出かけよう

セクション 3

単語・熟語の解説は別冊 P.11

|意味| 意味を書いてみましょう。|練習| つづりの練習をして覚えましょう。

STEP1 ●基礎

1 □ **next** [nékst] ネクスト |意味|＿＿＿＿＿＿ |練習|＿＿＿＿＿＿＿＿＿＿

2 □ **coffee** [kɔ́:fi] コーフィ |意味|＿＿＿＿＿＿ |練習|＿＿＿＿＿＿＿＿＿＿

3 □ **How much ～?** |意味|＿＿＿＿＿＿ |練習|＿＿＿＿＿＿＿＿＿＿

4 □ **right** [ráit] ライト |意味|＿＿＿＿＿＿ |練習|＿＿＿＿＿＿＿＿＿＿

5 □ **shop** [ʃáp] シャップ |意味|＿＿＿＿＿＿ |練習|＿＿＿＿＿＿＿＿＿＿

6 □ **soft** [sɔ́:ft] ソーフト |意味|＿＿＿＿＿＿ |練習|＿＿＿＿＿＿＿＿＿＿

STEP2 ●中級

7 □ **Is this for here or to go?** |意味|＿＿＿＿＿＿ |練習|＿＿＿＿＿＿＿＿＿＿

8 □ **Here you are.** |意味|＿＿＿＿＿＿ |練習|＿＿＿＿＿＿＿＿＿＿

9 □ **dollar** [dálər] ダラァ |意味|＿＿＿＿＿＿ |練習|＿＿＿＿＿＿＿＿＿＿

10 □ **cent** [sént] セント |意味|＿＿＿＿＿＿ |練習|＿＿＿＿＿＿＿＿＿＿

STEP3 ●上級

11 □ **hamburger** [hǽmbə:rgər] ハンバーガァ |意味|＿＿＿＿＿＿ |練習|＿＿＿＿＿＿＿＿＿＿

12 □ **French fries** |意味|＿＿＿＿＿＿ |練習|＿＿＿＿＿＿＿＿＿＿

13 □ **juicy** [dʒú:si] チュースィ |意味|＿＿＿＿＿＿ |練習|＿＿＿＿＿＿＿＿＿＿

14 □ **bun** [bʌ́n] バン |意味|＿＿＿＿＿＿ |練習|＿＿＿＿＿＿＿＿＿＿

15 □ **yum-yum** [jʌ́mjʌ́m] ヤムヤム |意味|＿＿＿＿＿＿ |練習|＿＿＿＿＿＿＿＿＿＿

▼▲▼▲▼▲▼▲▼▲▼▲▼▲▼▲▼▲▼▲ (単語・熟語の意味) ▼▲▼▲▼▲▼▲▼▲▼▲▼▲▼▲▼▲

1 □|名| 次の人〔もの〕　　6 □|形| やわらかい　　11 □|名| ハンバーガー

2 □|名| コーヒー　　7 □|熟| 召し上がり？持ち帰り？　　12 □|熟| フライドポテト

3 □|熟| ～はいくらですか。　　8 □|熟| はい，どうぞ。　　13 □|形| 汁の多い

4 □|形| 正しい　　9 □|名| ドル　　14 □|名| (ハンバーガーの)丸パン

5 □|名| 店，ショップ　　10 □|名| セント　　15 □|間| おいしい，うまい

▼▲

☆☆次の英文を読んで，あとの設問に答えなさい。　　　　　　　（20点×5）

フレッドと遼は国際空港のハンバーガーショップに来ています。

Clerk :　Next, please.

Fred :　One hamburger, French fries and coffee, please.

Clerk :　Is this for here or to go?

Fred :　For here, please.

Clerk :　Large or small French fries?

Fred :　Small, please.

Clerk :　Here you are.

Fred :　How much is it?

Clerk :　Eight dollars and twenty cents, please.　Thank you.

Ryo :　You like hamburgers so much, Fred.

Fred :　Right!　I love this shop's juicy hamburgers and soft buns.
　　　　Yum-yum.

🔊 41

(1) 〔内容の理解〕　次の質問に日本語で答えなさい。

(a)　フレッドが頼んだものを書きなさい。

（　　　　　　　　　　　　　　　　　　　　）

(b)　フレッドが支払う金額を書きなさい。

（　　　　　　　　　　　　　　　　　　　　）

(c)　フレッドはこの店のどんなものが大好きだと言っていますか。

（　　　　　　　　　　　　　　　　　　　　）

(2) 〔内容の理解〕　次の質問に英文で答えなさい。

(a)　Is Fred going to eat at this shop or at his home?

_____

(b)　Does Fred want large French fries or small French fries?

_____

◦◦ポイント◦◦

(1)(a) 3種類頼んでいる。英文2行目に注目。

(b)英文9行目に注目。

(c)フレッドの最後の発言に注目。

(2)(a)「フレッドはこの店で食べるつもりですか，それとも家で食べるつもりですか」英文4行目に注目。

(b)「フレッドは大きなフライドポテトがほしいのですか，それとも小さいのですか」

Shopping and Meals 買い物・食事に出かけよう

単語・熟語の解説は別冊 P.11・12

意味 意味を書いてみましょう。練習 つづりの練習をして覚えましょう。

STEP 1 ●基礎

1 □ **How about ～?** 意味＿＿＿＿＿＿ 練習＿＿＿＿＿＿＿＿＿＿＿＿＿

STEP 2 ●中級

2 □ **order** [ɔ́:rdər] 意味＿＿＿＿＿＿ 練習＿＿＿＿＿＿＿＿＿＿＿＿＿

3 □ **Me, too.** 意味＿＿＿＿＿＿ 練習＿＿＿＿＿＿＿＿＿＿＿＿＿

4 □ **sir** [sə́:r] 意味＿＿＿＿＿＿ 練習＿＿＿＿＿＿＿＿＿＿＿＿＿

5 □ **vegetable** [védʒtəbl] 意味＿＿＿＿＿＿ 練習＿＿＿＿＿＿＿＿＿＿

6 □ **soup** [sú:p] 意味＿＿＿＿＿＿ 練習＿＿＿＿＿＿＿＿＿＿＿＿＿

7 □ **green salad** 意味＿＿＿＿＿＿ 練習＿＿＿＿＿＿＿＿＿＿＿＿＿

8 □ **sort** [sɔ́:rt] 意味＿＿＿＿＿＿ 練習＿＿＿＿＿＿＿＿＿＿＿＿＿

9 □ **French** [fréntʃ] 意味＿＿＿＿＿＿ 練習＿＿＿＿＿＿＿＿＿＿＿＿＿

10 □ **Italian** [itǽljən] 意味＿＿＿＿＿＿ 練習＿＿＿＿＿＿＿＿＿＿＿＿＿

STEP 3 ●上級

11 □ **server** [sə́:rvər] 意味＿＿＿＿＿＿ 練習＿＿＿＿＿＿＿＿＿＿＿＿＿

12 □ **sirloin** [sə́:rlɔin] 意味＿＿＿＿＿＿ 練習＿＿＿＿＿＿＿＿＿＿＿＿＿

13 □ **steak** [stéik] 意味＿＿＿＿＿＿ 練習＿＿＿＿＿＿＿＿＿＿＿＿＿

14 □ **well-done** [wéldʌ́n] 意味＿＿＿＿＿＿ 練習＿＿＿＿＿＿＿＿＿＿

15 □ **dressing** [drésiŋ] 意味＿＿＿＿＿＿ 練習＿＿＿＿＿＿＿＿＿＿

▼▲▼▲▼▲▼▲▼▲▼▲▼▲▼▲▼▲▼ (単語・熟語の意味) ▲▼▲▼▲▼▲▼▲▼▲▼▲▼▲▼

1 □ 熟 ～はどうですか。　　6 □ 名 スープ　　　　　11 □ 名 サーバー，給仕する人

2 □ 名 注文，注文料理　　　7 □ 熟 野菜サラダ　　　　12 □ 名 サーロイン

3 □ 熟 私も。　　　　　　　8 □ 名 種類　　　　　　　13 □ 名 ステーキ

4 □ 名 (男性への敬称)　　　9 □ 形 フランスの　　　　14 □ 形 (肉が)よく焼けた

5 □ 名 野菜　　　　　　　10 □ 形 イタリアの　　　　15 □ 名 ドレッシング

▼▲▼

月	日
	点

☆☆次の英文を読んで，あとの設問に答えなさい。 (20点×5)

フレッドがお父さんとレストランに食事に来ています。

Server : ❶May I have your order, please?

Mr. Smith : I'll have a sirloin steak. How 　❷　 you, Fred?

Fred : ❸Me, too.

Server : Yes, sir. How would you like your steak?

Mr. Smith : Well-done, please. And ❹I'd like to have vegetable soup and a green salad.

Server : What ❺sort of dressing would you like, sir?

Mr. Smith : French dressing, please.

Fred : I'd like Italian.

Server : Very good, sir.

🔊 43

---

(1) 熟語などの知識　下線部❶・❹を日本文になおしなさい。

❶ (　　　　　　　　　　　　　　　　　　)

❹ (　　　　　　　　　　　　　　　　　　)

(2) 熟語の知識　 ❷ にあてはまる語を1つ選びなさい。

　ア to 　　　イ on 　　　ウ about 　　　エ from

(3) 熟語の知識　下線部❸は，次のどれに最も近いか，1つ選びなさい。

　ア I have too much sirloin steak.

　イ I'll have a sirloin steak, too.

　ウ No, thank you.

(4) 同意語　下線部❺とほぼ同じ意味の語を1つ選びなさい。

　ア kind 　　　イ glad 　　　ウ happy 　　　エ many

◇◇ポイント◇◇

(1)❶注文を受けるときの決まり文句。
☞チェック17

❹ want to ～の控え目な表現。
☞チェック21

(2)「～はどうですか」の意味にする。
◀左ページを見よ

(3)話し言葉でよく使われる表現。
◀左ページを見よ

(4)「種類」という意味の名詞。

Shopping and Meals 買い物・食事に出かけよう

単語・熟語の解説は別冊 P.12

|意味|意味を書いてみましょう。 |練習|つづりの練習をして覚えましょう。

STEP1 ●基礎

1 □ **table** [téibl] |意味_____ |練習_____

2 □ **Here is ～.** |意味_____ |練習_____

3 □ **keep** [kíːp] |意味_____ |練習_____

4 □ **again** [əgén] |意味_____ |練習_____

STEP2 ●中級

5 □ **this way** |意味_____ |練習_____

6 □ **check** [tʃék] |意味_____ |練習_____

7 □ **Here it is.** |意味_____ |練習_____

8 □ **yen** [jén] |意味_____ |練習_____

9 □ **tax** [tæks] |意味_____ |練習_____

10 □ **change** [tʃéindʒ] |意味_____ |練習_____

STEP3 ●上級

11 □ **Yes, sir.** |意味_____ |練習_____

12 □ **take one's order** |意味_____ |練習_____

13 □ **right away** |意味_____ |練習_____

14 □ **come to ～** |意味_____ |練習_____

15 □ **including** [inklúːdiŋ] |意味_____ |練習_____

▼▲▼▲▼▲▼▲▼▲▼▲▼▲▼▲▼▲ （ 単語・熟語の意味 ） ▼▲▼▲▼▲▼▲▼▲▼▲▼▲▼▲

1 □ 名 テーブル

2 □ 熟 ここに～がある。

3 □ 動 自分のものとする

4 □ 副 再び，もう一度

5 □ 熟 こちらへ〔に〕

6 □ 名 勘定(書)

7 □ 熟 はい，ここにあります。

8 □ 名 円

9 □ 名 税金

10 □ 名 つり銭，おつり

11 □ 熟 はい(，ございます)。

12 □ 熟 注文を受ける〔取る〕

13 □ 熟 すぐに，ただちに

14 □ 熟 ～になる

15 □ 前 ～を含めて

▼▲

4 | AT THE RESTAURANT ② レストランで②

解答・考え方は別冊 **P.12・13**

☆☆次の英文を読んで，あとの設問に答えなさい。 (20点×5)

スミス夫妻が和食のレストランに来ています。

Mr. Smith :　Do you have a table for two?

Server :　Yes, sir. ❶This way, please.

⋮

Server :　❷Can I take your order now?

Mr. Smith :　I'll have tempura.

Mrs. Smith :　I'll have sushi.

⋮

Mr. Smith :　❸Can you bring the check, please?

Server :　Right away. ... Here it is, sir. It comes to ❹4,500 yen including tax.

Mr. Smith :　Here is 5,000 yen. You can keep the change.

Server :　Thank you very much. Come again, please.

🔊 45

(1) 熟語や can など　下線部❶～❸を日本文になおしなさい。

❶ (　　　　　　　　　　　　　　　　　　　　　)

❷ (　　　　　　　　　　　　　　　　　　　　　)

❸ (　　　　　　　　　　　　　　　　　　　　　)

(2) 数字の読み方　下線部❹を読む通りに英語で書きなさい。

────────────────────

(3) 内容の理解　4,500円の請求でしたが，スミス氏はそれに対して，いくら出してどんなことを言いましたか，日本語で答えなさい。

(　　　　　　　　　　　　　　　　　　　　　　　　)

ポイント

(1)❶ Will you come を補うとわかりやすい。 ☞ チェック18

❷ take の意味に注意する。

◀左ページを見よ

❸依頼を表す can。

(2)「千」，「百」の言い方は何か。

(3)下から2～3行目の文を中心に考える。

Shopping and Meals 買い物・食事に出かけよう

単語・熟語の解説は別冊 P.13

|意味|意味を書いてみましょう。 |練習|つづりの練習をして覚えましょう。

STEP1 ●基礎

① □ **food** [fú:d] ﾌｰﾄﾞ |意味|＿＿＿＿＿ |練習|＿＿＿＿＿＿＿＿＿＿

② □ **eat** [í:t] ｲｰﾄ |意味|＿＿＿＿＿ |練習|＿＿＿＿＿＿＿＿＿＿

③ □ **believe** [bilí:v] ﾋﾞﾘｰｳﾞ |意味|＿＿＿＿＿ |練習|＿＿＿＿＿＿＿＿＿＿

④ □ **without** [wiðáut] ｳｨｻﾞｳﾄ |意味|＿＿＿＿＿ |練習|＿＿＿＿＿＿＿＿＿＿

⑤ □ **breakfast** [brékfəst] ﾌﾞﾚｯｸﾌｧｽﾄ |意味|＿＿＿＿＿ |練習|＿＿＿＿＿＿＿＿＿＿

STEP2 ●中級

⑥ □ **lots of ～** |意味|＿＿＿＿＿ |練習|＿＿＿＿＿＿＿＿＿＿

⑦ □ **other** [ʌðər] ｱｻﾞｰ |意味|＿＿＿＿＿ |練習|＿＿＿＿＿＿＿＿＿＿

⑧ □ **favorite** [féivərət] ﾌｪｲｳﾞｧﾘｯﾄ |意味|＿＿＿＿＿ |練習|＿＿＿＿＿＿＿＿＿＿

⑨ □ **Oh, no!** |意味|＿＿＿＿＿ |練習|＿＿＿＿＿＿＿＿＿＿

⑩ □ **smell** [smél] ｽﾒﾙ |意味|＿＿＿＿＿ |練習|＿＿＿＿＿＿＿＿＿＿

STEP3 ●上級

⑪ □ **beef** [bí:f] ﾋﾞｰﾌ |意味|＿＿＿＿＿ |練習|＿＿＿＿＿＿＿＿＿＿

⑫ □ **nasty** [næsti] ﾅｽﾃｨ |意味|＿＿＿＿＿ |練習|＿＿＿＿＿＿＿＿＿＿

⑬ □ **kid** [kíd] ｷｯﾄﾞ |意味|＿＿＿＿＿ |練習|＿＿＿＿＿＿＿＿＿＿

⑭ □ **No kidding!** |意味|＿＿＿＿＿ |練習|＿＿＿＿＿＿＿＿＿＿

⑮ □ **do without ～** |意味|＿＿＿＿＿ |練習|＿＿＿＿＿＿＿＿＿＿

▼▲▼▲▼▲▼▲▼▲▼▲▼▲▼▲▼▲ 単語・熟語の意味 ▼▲▼▲▼▲▼▲▼▲▼▲▼▲▼▲▼▲

① □ 名 食べ物，料理　　⑥ □ 熟 たくさんの～　　⑪ □ 名 牛肉

② □ 動 食べる　　　　　⑦ □ 形 ほかの　　　　　⑫ □ 形 いやな，不快な

③ □ 動 信じる　　　　　⑧ □ 形 大好きな　　　　⑬ □ 動 からかう

④ □ 前 ～なしに　　　　⑨ □ 熟 まさか！　　　　⑭ □ 熟 冗談でしょう！

⑤ □ 名 朝食　　　　　　⑩ □ 動 ～なにおいがする　⑮ □ 熟 ～なしですます

▼▲▼▲▼▲▼▲▼▲▼▲▼▲▼▲▼▲▼▲▼▲▼▲▼▲▼▲▼▲▼▲▼▲▼▲▼▲

JAPANESE FOOD 日本の食べ物

月　　　日

点

解答・考え方は別冊 P.13

☆☆次の英文を読んで，あとの設問に答えなさい。 （20点×5）

遼とフレッドが日本の食べ物について話しています。

Ryo : Do you like Japanese food, Fred?

Fred : Yes, I do. I like sushi, tempura, sukiyaki and lots of other things.

Ryo : What do you like the ❶ ?

Fred : Sukiyaki. Eating that with other people is a lot of fun. Beef and *shirataki* are my favorite foods.

Ryo : Do you eat *natto*?

Fred : Oh, no! That smells nasty. ❷I can't believe you eat *natto.*

Ryo : No kidding! *Natto* is my favorite food. ❸I can't do without it for breakfast.

🔊 47

(1) 比 較 の 文　　❶ に入る適切な1語を書きなさい。

＿＿＿＿＿＿＿

(2) 接続詞・熟語など　下線部❷・❸を日本文になおしなさい。

❷ （　　　　　　　　　　　　　　　　　　　　　）

❸ （　　　　　　　　　　　　　　　　　　　　　）

(3) 内容の理解　次の質問に英文で答えなさい。

(a) Does Fred like sushi and tempura?

＿＿＿＿＿＿＿＿＿＿＿＿＿＿＿＿＿＿＿＿＿＿

(b) Does Fred eat *natto* for breakfast?

＿＿＿＿＿＿＿＿＿＿＿＿＿＿＿＿＿＿＿＿＿＿

◇◎ポイント◎◇

(1)「何がいちばん好きですか」の文に。
☞チェック11

(2)❷ believe のあとに that が省略されている。☞チェック38

❸ do without ～の否定文になっている。
◀左ページを見よ

(3)(a)「すしと天ぷらは好きですか」

(b)「納豆を朝食に食べますか」

買い物・食事に出かけよう

月　日

点

解答は別冊 P.13・14

1 次の英語は日本語に，日本語は英語になおしなさい。 （2点×18）

(1) believe （　　　　　） (2) again （　　　　　）

(3) change （　　　　　） (4) order （　　　　　）

(5) vegetable （　　　　　） (6) sort （　　　　　）

(7) clerk （　　　　　） (8) check （　　　　　）

(9) ドル ＿＿＿＿＿＿ (10) 買う ＿＿＿＿＿＿

(11) あとで ＿＿＿＿＿＿ (12) 食べ物 ＿＿＿＿＿＿

(13) コーヒー ＿＿＿＿＿＿ (14) 食べる ＿＿＿＿＿＿

(15) テーブル ＿＿＿＿＿＿ (16) スープ ＿＿＿＿＿＿

(17) やわらかい ＿＿＿＿＿＿ (18) ～なしで ＿＿＿＿＿＿

2 次の **AB** と **CD** の関係がほぼ同じになるように，**D** に適語を入れなさい。 （2点×6）

A	B	C	D
(1) eat	ate	come	＿＿＿＿＿
(2) here	hear	write	＿＿＿＿＿
(3) France	French	Italy	＿＿＿＿＿
(4) he	she	waiter	＿＿＿＿＿
(5) go	going	shop	＿＿＿＿＿
(6) come	go	buy	＿＿＿＿＿

3 次の語群を，日本文に合うように並べかえなさい。 （6点×2）

(1) 私はリンゴよりもオレンジのほうが好きです。

(like / than / I / oranges / better / apples / .)

＿＿＿＿＿＿＿＿＿＿＿＿＿＿＿＿＿＿＿＿＿＿＿

(2) この新しいコンピュータはいくらですか。

(is / much / new / computer / how / this / ?)

＿＿＿＿＿＿＿＿＿＿＿＿＿＿＿＿＿＿＿＿＿＿＿

4 次の英文はマイク(**Mike**)と姉のルーシー(**Lucy**)の会話です。これを読んで，あとの設問に答えなさい。

（8点×5）

Lucy : ❶<u>What are your plans for next Saturday, Mike?</u> If you are free, let's go out to buy a present for Father's Day.

Mike : Good idea, Lucy, but ❷<u>I'm busy on Saturday.</u> How about Sunday?

Lucy : On Sunday, I'm meeting Lisa at the library near the station.

Mike : Will it take all day?

Lucy : Maybe, but we must finish before 5 o'clock because they close the library then. After that, I can go with you.

Mike : Then, let's meet at the station at 5:15 and go to the new shopping mall near the station.

Lucy : OK. I hear there are many shops in the shopping mall. I think we can find a nice present for our father there.

Mike : Hmm ... do you have any ideas for a present?

Lucy : Well, I want to give him something useful, like a pen, a tie or a watch.

Mike : Oh, now I remember. Last night he said he broke his cup at the office. He really liked that cup and he was a little sad about that. How about a new cup?

Lucy : That's great. I'm sure he'll like it.

[注] maybe：たぶん　close：閉める
mall：モール　useful：役に立つ
tie：ネクタイ
I'm sure ～：きっと～　🔊 **49**

---

(1) 下線部❶・❷と同じ内容になるように，空所を補いなさい。

  ❶　What are you ＿＿＿＿＿＿＿ ＿＿＿＿＿＿＿ do next Saturday, Mike?

  ❷　I have a lot ＿＿＿＿＿＿＿ things ＿＿＿＿＿＿＿ do on Saturday.

(2) 次の質問に英語で答えなさい。

  (a)　When are Mike and Lucy going to meet?

  ＿＿＿＿＿＿＿＿＿＿＿＿＿＿＿＿＿＿＿＿＿＿＿＿＿＿

  (b)　Where are they going to meet?

  ＿＿＿＿＿＿＿＿＿＿＿＿＿＿＿＿＿＿＿＿＿＿＿＿＿＿

  (c)　What are they going to give their father?

  ＿＿＿＿＿＿＿＿＿＿＿＿＿＿＿＿＿＿＿＿＿＿＿＿＿＿

Excuse me. お願いします

単語・熟語の解説は別冊 P.14

意味 意味を書いてみましょう。練習 つづりの練習をして覚えましょう。

STEP1 ●基礎

1 ☐ **Excuse me.** 意味＿＿＿＿＿ 練習＿＿＿＿＿＿＿＿＿＿＿＿

2 ☐ **send** [sénd] 意味＿＿＿＿＿ 練習＿＿＿＿＿＿＿＿＿＿＿＿

3 ☐ **next** [nékst] 意味＿＿＿＿＿ 練習＿＿＿＿＿＿＿＿＿＿＿＿

4 ☐ **all right** 意味＿＿＿＿＿ 練習＿＿＿＿＿＿＿＿＿＿＿＿

5 ☐ **by** [bái] 意味＿＿＿＿＿ 練習＿＿＿＿＿＿＿＿＿＿＿＿

6 ☐ **sea** [sí:] 意味＿＿＿＿＿ 練習＿＿＿＿＿＿＿＿＿＿＿＿

7 ☐ **take** [téik] 意味＿＿＿＿＿ 練習＿＿＿＿＿＿＿＿＿＿＿＿

8 ☐ **stamp** [stǽmp] 意味＿＿＿＿＿ 練習＿＿＿＿＿＿＿＿＿＿＿＿

STEP2 ●中級

9 ☐ **package** [pǽkidʒ] 意味＿＿＿＿＿ 練習＿＿＿＿＿＿＿＿＿＿

10 ☐ **address** [ǽdres] 意味＿＿＿＿＿ 練習＿＿＿＿＿＿＿＿＿＿

11 ☐ **phone number** 意味＿＿＿＿＿ 練習＿＿＿＿＿＿＿＿＿＿

12 ☐ **air** [éər] 意味＿＿＿＿＿ 練習＿＿＿＿＿＿＿＿＿＿

13 ☐ **mail** [méil] 意味＿＿＿＿＿ 練習＿＿＿＿＿＿＿＿＿＿

14 ☐ **part** [pá:rt] 意味＿＿＿＿＿ 練習＿＿＿＿＿＿＿＿＿＿

STEP3 ●上級

15 ☐ **I'm finished.** 意味＿＿＿＿＿ 練習＿＿＿＿＿＿＿＿＿＿

▼▲▼▲▼▲▼▲▼▲▼▲▼▲▼▲▼▲▼ (単語・熟語の意味) ▼▲▼▲▼▲▼▲▼▲▼▲▼▲▼▲▼

1 ☐ 熟 すみませんが。　　6 ☐ 名 海，海岸　　　　11 ☐ 熟 電話番号

2 ☐ 動 送る　　　　　　7 ☐ 動 (時間が)かかる　12 ☐ 名 空気，大気

3 ☐ 副 次に　　　　　　8 ☐ 名 切手　　　　　13 ☐ 名 郵便，郵便物

4 ☐ 熟 だいじょうぶで　9 ☐ 名 小包，包み　　14 ☐ 名 一部，部分

5 ☐ 前 ～で，～によって 10 ☐ 名 住所，あて先　15 ☐ 熟 (私は)終わりました。

▼▲▼

1 | AT THE POST OFFICE 郵便局で

解答・考え方は別冊 P.14

☆☆次の英文を読んで，あとの設問に答えなさい。　　　　　　　　　　　　　　（20点×5）

フレッドが郵便局に来ています。

Fred : Excuse me. I want to send this package to the USA. This is my first time here, and I don't know ❶how.

Clerk : OK. ❷ ▢ you must write his or her name, address and phone number here, and next write ❸yours here.

Fred : OK. ... I'm finished. Is this all right?

Clerk : Good. Do you want to send this by air mail or sea mail?

Fred : By air mail, please. How many days will it take?

Clerk : About four or five.

Fred : I see. Do I have to buy stamps and put them on it?

Clerk : ❹ ▢ That's part of my job.

Fred : OK. Thank you.

郵便
mail service

🔊 51

(1) 【内容の理解】　下線部❶・❸が具体的に何を指しているか日本語で簡潔に説明しなさい。

❶ （　　　　　　　　　　　　　　　　　　　　　　　　　　　　　　　）

❸ （　　　　　　　　　　　　　　　　　　　　　　　　　　　　　　　）

(2) 【副詞・助動詞】　❷ と ❹ に適する語・文をそれぞれ1つずつ選びなさい。

❷　ア　First　　　　イ　Second　　　　ウ　Finally

❹　ア　Yes, you do.

　　イ　No, you don't have to.

　　ウ　Yes, you must do it.

(3) 【内容の理解】　本文の内容と合うように，（　　　）に適する日本語を書きなさい。　　　　　　　　　　　　　　　　　　　　　　　（完答）

フレッドは郵便局で（　　　　　　　　　　）をアメリカに送ろうとしています。航空便で送り，着くのに（　　　　　　　　　　）かかるということです。

○ポイント○

(1)❶前文にヒントがある。

❸「あなたのもの」とは具体的に何かを考える。

(2)❷ and のあとの next は「次に」の意味。空所は最初にあることに注意。

❹あとに「それは私の仕事です」と言っていることに注意。have to ～の疑問文に対する答え方。

☞チェック**17・20**

(3)英文の1行目と9～10行目に注目する。

Excuse me. お願いします

単語・熟語の解説は別冊 P.14

意味 意味を書いてみましょう。 練習 つづりの練習をして覚えましょう。

STEP1 ●基礎

1 ☐ **leave** [líːv]　リーヴ　意味＿＿＿＿　練習＿＿＿＿＿＿＿

2 ☐ **before** [bifɔ́ːr]　ビフォーァ　意味＿＿＿＿　練習＿＿＿＿＿＿＿

3 ☐ **then** [ðén]　ゼン　意味＿＿＿＿　練習＿＿＿＿＿＿＿

4 ☐ **arrive** [əráiv]　アライヴ　意味＿＿＿＿　練習＿＿＿＿＿＿＿

5 ☐ **dinner** [dínər]　ディナァ　意味＿＿＿＿　練習＿＿＿＿＿＿＿

STEP2 ●中級

6 ☐ **passenger** [pǽsəndʒər]　パセンヂャァ　意味＿＿＿＿　練習＿＿＿＿＿＿＿

7 ☐ **train** [tréin]　トゥレイン　意味＿＿＿＿　練習＿＿＿＿＿＿＿

8 ☐ **express** [iksprés]　イクスプレス　意味＿＿＿＿　練習＿＿＿＿＿＿＿

9 ☐ **local** [lóukəl]　ロウカル　意味＿＿＿＿　練習＿＿＿＿＿＿＿

10 ☐ **Here you are.**　意味＿＿＿＿　練習＿＿＿＿＿＿＿

11 ☐ **restaurant** [réstərənt]　レストラント　意味＿＿＿＿　練習＿＿＿＿＿＿＿

12 ☐ **somewhere** [sʌ́mhwèər]　サムホウェァ　意味＿＿＿＿　練習＿＿＿＿＿＿＿

13 ☐ **at the end of ～**　意味＿＿＿＿　練習＿＿＿＿＿＿＿

STEP3 ●上級

14 ☐ **baggage** [bǽgidʒ]　バゲッヂ　意味＿＿＿＿　練習＿＿＿＿＿＿＿

15 ☐ **baggage office**　意味＿＿＿＿　練習＿＿＿＿＿＿＿

▼▲▼▲▼▲▼▲▼▲▼▲▼▲▼▲▼▲▼　 単語・熟語の意味 　▼▲▼▲▼▲▼▲▼▲▼▲▼▲▼▲▼

1 ☐ 動 出発する，預ける　　6 ☐ 名 乗客，旅客　　11 ☐ 名 レストラン

2 ☐ 前 ～の前に　　7 ☐ 名 列車，電車　　12 ☐ 副 どこかで〔へ，に〕

3 ☐ 名 そのとき　　8 ☐ 名 急行列車　　13 ☐ 熟 ～の端に

4 ☐ 動 着く，到着する　　9 ☐ 名 普通列車　　14 ☐ 名 手荷物

5 ☐ 名 ディナー，夕食　　10 ☐ 熟 さあ，どうぞ。　　15 ☐ 熟 手荷物預かり所

AT THE STATION 駅で

解答・考え方は別冊 P.14・15

月　　　日

点

☆☆次の英文を読んで，あとの設問に答えなさい。 (20点×5)

旅行者(passenger)と駅員(clerk)の会話です。

Passenger : When is the next train to New York, please?

Clerk : The express leaves at ①7:55.

Passenger : Is there anything before ②then?

Clerk : There's a local at 7:03, but ③that arrives in New York later than the express.

Passenger : Well, I think I'll have to wait. Can I have a ticket for the 7:55, please?

Clerk : Here you are, miss. There's a restaurant in the station if you want to have dinner.

Passenger : Thank you. I think I ④will. Can I leave my baggage somewhere?

Clerk : ⑤The baggage office is right over there at the end of the station.

53

(1) 時刻の言い方 　下線部①を読む通りに英語で書きなさい。

_____

(2) 内容の理解 　下線部②の then が指す時を日本語で答えなさい。

(　　　　　　　　　　　　　　　　　　　　)

(3) 比較級の文 　下線部③と同じ内容になるように空所を補いなさい。

the express arrives in New York _____ than that

(4) 内容の理解 　下線部④のあとに省略されている語句を次の形で補いなさい。

I think I will have _____ at the _____.

(5) 熟語の知識 　下線部⑤を日本文になおしなさい。

(　　　　　　　　　　　　　　　　　　　　)

○◁ポイント▷○

(1)順に数字を読む。

(2)直前の2文の内容から考える。

(3)late「遅く」の反意語は early「早く」。

チェック 7・10

(4)直前の駅員のThere's で始まる発言に注目する。

(5) at the end of ～ の意味に注意する。

◀◀左ページを見よ

Excuse me. お願いします

単語・熟語の解説は別冊 P.15

意味 意味を書いてみましょう。 練習 つづりの練習をして覚えましょう。

STEP1 ●基礎

1 □ **library**[láibrèri] ライブレリィ 意味＿＿＿＿ 練習＿＿＿＿＿＿＿＿＿＿

2 □ **of course** 意味＿＿＿＿ 練習＿＿＿＿＿＿＿＿＿＿

3 □ **over there** 意味＿＿＿＿ 練習＿＿＿＿＿＿＿＿＿＿

4 □ **turn** [tə́ːrn] ターン 意味＿＿＿＿ 練習＿＿＿＿＿＿＿＿＿＿

5 □ **left** [léft] レフト 意味＿＿＿＿ 練習＿＿＿＿＿＿＿＿＿＿

6 □ **right** [ráit] ライト 意味＿＿＿＿ 練習＿＿＿＿＿＿＿＿＿＿

7 □ **find** [fáind] ファインド 意味＿＿＿＿ 練習＿＿＿＿＿＿＿＿＿＿

8 □ **far** [fáːr] ファー 意味＿＿＿＿ 練習＿＿＿＿＿＿＿＿＿＿

STEP2 ●中級

9 □ **the way to ～** 意味＿＿＿＿ 練習＿＿＿＿＿＿＿＿＿＿

10 □ **signal** [sígnl] スィグヌル 意味＿＿＿＿ 練習＿＿＿＿＿＿＿＿＿＿

11 □ **easily** [íːzili] イーズィリィ 意味＿＿＿＿ 練習＿＿＿＿＿＿＿＿＿＿

12 □ **How long ～?** 意味＿＿＿＿ 練習＿＿＿＿＿＿＿＿＿＿

13 □ **I see.** 意味＿＿＿＿ 練習＿＿＿＿＿＿＿＿＿＿

STEP3 ●上級

14 □ **crossing** [krɔ́ːsiŋ] クロースィング 意味＿＿＿＿ 練習＿＿＿＿＿＿＿＿＿＿

15 □ **Not at all.** 意味＿＿＿＿ 練習＿＿＿＿＿＿＿＿＿＿

▼▲▼▲▼▲▼▲▼▲▼▲▼▲▼▲▼▲▼▲▼ （ 単語・熟語の意味 ） ▼▲▼▲▼▲▼▲▼▲▼▲▼▲▼▲▼

1 □ 名 図書館，図書室　　6 □ 名 副 右(に)　　11 □ 副 容易に，簡単に

2 □ 熟 もちろん　　7 □ 動 見つける　　12 □ 熟 (時間が)どれくらい～か。

3 □ 熟 向こうに，あそこに　　8 □ 形 遠い，遠くの　　13 □ 熟 わかりました。

4 □ 動 曲がる，向かう　　9 □ 熟 ～へ行く道　　14 □ 名 交差点

5 □ 名 副 左(に)　　10 □ 名 信号(機)　　15 □ 熟 どういたしまして。

▼▲▼

ON THE STREET 通りで

解答・考え方は別冊 P.15

月　　日

点

★★次の英文を読んで，あとの設問に答えなさい。 (20点×5)

A girl is walking.

Girl : Excuse me. ❶Will you please (the way / me / to / tell) the City Library?

Man : Oh, yes, of course. ❷

Girl : Yes, I do.

Man : Turn left there and go straight a little way. Then you will come to a crossing.

Girl : Are there signals at the crossing?

Man : Yes, there are. ❸Turn right there and you will find the City Library on your right. I think you can find it easily.

Girl : ❹

Man : About five minutes. ❺

Girl : I see. Thank you. You're so kind.

Man : Not at all.

 55

(1) 〈SVOO〉 の文　下線部❶の（　）内の語句を正しく並べかえなさい。

Will you please ＿＿＿＿＿＿＿＿＿＿ the City Library?

(2) 内容の理解　❷・❹・❺にあてはまる文を1つずつ選びなさい。

❷〔　〕　　❹〔　〕　　❺〔　〕

ア It isn't far from here.

イ How long does it take?

ウ Do you see the signal over there?

(3) 命令文など　下線部❸を日本文になおしなさい。

（　　　　　　　　　　　　　　　　　　　　　）

○◦ポイント◦○

(1)〈動詞＋人＋物〉の語順になる。

☞チェック29

(2)❷❹次の答えの文に注目する。

❺何を「わかった」と言っているのか。

(3)命令文のあとのand は「そうすれば」の意味。

セクション4 Excuse me. お願いします

単語・熟語の解説は別冊 P.15

意味 意味を書いてみましょう。練習 つづりの練習をして覚えましょう。

STEP1 ●基礎

1 □ look for ～ 意味＿＿＿＿＿ 練習＿＿＿＿＿

2 □ on [ån] アン 意味＿＿＿＿＿ 練習＿＿＿＿＿

3 □ animal [ǽnəməl] アニマル 意味＿＿＿＿＿ 練習＿＿＿＿＿

4 □ close [klóuz] クロウズ 意味＿＿＿＿＿ 練習＿＿＿＿＿

5 □ during [d(j)úəriŋ] ドゥアリング 意味＿＿＿＿＿ 練習＿＿＿＿＿

6 □ open [óupən] オウプン 意味＿＿＿＿＿ 練習＿＿＿＿＿

STEP2 ●中級

7 □ behind [biháind] ビハインド 意味＿＿＿＿＿ 練習＿＿＿＿＿

8 □ borrow [bárou] バロウ 意味＿＿＿＿＿ 練習＿＿＿＿＿

9 □ return [ritə́:rn] リターン 意味＿＿＿＿＿ 練習＿＿＿＿＿

10 □ within [wiðín] ウィズィン 意味＿＿＿＿＿ 練習＿＿＿＿＿

11 □ a.m. [éiém] エィ エム 意味＿＿＿＿＿ 練習＿＿＿＿＿

12 □ p.m. [píːém] ピー エム 意味＿＿＿＿＿ 練習＿＿＿＿＿

13 □ except [iksépt] イクセプト 意味＿＿＿＿＿ 練習＿＿＿＿＿

STEP3 ●上級

14 □ librarian [laibréəriən] ライブレアリアン 意味＿＿＿＿＿ 練習＿＿＿＿＿

15 □ at a time 意味＿＿＿＿＿ 練習＿＿＿＿＿

単語・熟語の意味

1 □ 熟 ～を探す
2 □ 前 ～について〔関して〕
3 □ 名 動物
4 □ 動 閉める, 閉じる
5 □ 前 ～の間に

6 □ 形 開いた, あいている
7 □ 前 ～のうしろに
8 □ 動 借りる
9 □ 動 返す, もどす
10 □ 前 ～以内に〔で〕

11 □ 副 午前
12 □ 副 午後
13 □ 前 ～を除いて
14 □ 名 図書館員
15 □ 熟 一度に

AT THE LIBRARY 図書館で

解答・考え方は別冊 P.15・16

☆☆次の英文を読んで，あとの設問に答えなさい。　　　　　　　　　　　　（20点×5）

フレッドは本を借りに図書館に来ています。

Fred :　　　Excuse me.　❶I'm looking for books on

animals in Australia.　Where can I find them?

Librarian :　There are animal books behind that big desk.

⋮

Fred :　　　❷How many books can I borrow at a time?

Librarian :　Three.　And you have to return them within

two weeks.

Fred :　　　When is the library closed during the week?

Librarian :　It's closed every Monday.　This library is open

from 9 a.m. to 9 p.m. every day except Monday.

Fred :　　　I see.　Thank you.

🔊 57

(1) 熟語などの知識　下線部❶・❷を日本文になおしなさい。

　❶　(　　　　　　　　　　　　　　　　　　　　　　　)

　❷　(　　　　　　　　　　　　　　　　　　　　　　　)

(2) 内容の理解　本文の内容と合うものを3つ選び，○をつけなさ

い。

　ア　〔　　〕　This library opens at nine in the morning.

　イ　〔　　〕　This library isn't open at 8 p.m.

　ウ　〔　　〕　This library is closed on Mondays.

　エ　〔　　〕　You can borrow four books at a time from this

library.

　オ　〔　　〕　You must return books within 14 days.

◇◎ポイント◎◇

(1)❶ look for ～の
意味に注意。
◀左ページを見よ
❷ at a time の意味
に注意。
◀左ページを見よ
(2)次の行に注目する。
ア・イ英文8～9行
目。
ウ英文7～8行目。
エ英文4～5行目。
オ英文5～6行目。

Excuse me. お願いします

単語・熟語の解説は別冊 P.16

意味 意味を書いてみましょう。 練習 つづりの練習をして覚えましょう。

STEP 1 ●基礎

① □ **visit** [vízit] ヴィズィット 意味＿＿＿＿＿ 練習＿＿＿＿＿＿＿＿

② □ **room** [rú:m] ルーム 意味＿＿＿＿＿ 練習＿＿＿＿＿＿＿＿

③ □ **tomorrow** [təmárou] トゥマロウ 意味＿＿＿＿＿ 練習＿＿＿＿＿＿＿＿

④ □ **either** [í:ðər] イーザァ 意味＿＿＿＿＿ 練習＿＿＿＿＿＿＿＿

⑤ □ **early** [ə́:rli] アーリィ 意味＿＿＿＿＿ 練習＿＿＿＿＿＿＿＿

STEP 2 ●中級

⑥ □ **hospital** [háspitl] ハスピトゥル 意味＿＿＿＿＿ 練習＿＿＿＿＿＿＿＿

⑦ □ **happen** [hǽpən] ハプン 意味＿＿＿＿＿ 練習＿＿＿＿＿＿＿＿

⑧ □ **broke** [bróuk] ブロウク 意味＿＿＿＿＿ 練習＿＿＿＿＿＿＿＿

⑨ □ **leg** [lég] レッグ 意味＿＿＿＿＿ 練習＿＿＿＿＿＿＿＿

⑩ □ **football** [fútbɔ̀:l] フットボール 意味＿＿＿＿＿ 練習＿＿＿＿＿＿＿＿

⑪ □ **That's too bad.** 意味＿＿＿＿＿ 練習＿＿＿＿＿＿＿＿

⑫ □ **serious** [síəriəs] スィアリアス 意味＿＿＿＿＿ 練習＿＿＿＿＿＿＿＿

⑬ □ **left** [léft] レフト 意味＿＿＿＿＿ 練習＿＿＿＿＿＿＿＿

STEP 3 ●上級

⑭ □ **You mean ～?** 意味＿＿＿＿＿ 練習＿＿＿＿＿＿＿＿

⑮ □ **injury** [índʒəri] インヂャリィ 意味＿＿＿＿＿ 練習＿＿＿＿＿＿＿＿

▼▲▼▲▼▲▼▲▼▲▼▲▼▲▼▲▼▲ 単語・熟語の意味 ▼▲▼▲▼▲▼▲▼▲▼▲▼▲▼▲▼▲

① □ 動 見舞う, 訪ねる
② □ 名 部屋, 室
③ □ 副 明日, あした
④ □ 副 (否定文で)～もまた
⑤ □ 副 早く

⑥ □ 名 病院
⑦ □ 動 起こる
⑧ □ 動 break(折る)の過去形
⑨ □ 名 脚(あし)
⑩ □ 名 フットボール

⑪ □ 熟 それはいけませんね。
⑫ □ 形 重い, 重大な
⑬ □ 動 leave(去る)の過去形
⑭ □ 熟 ～のことですか。
⑮ □ 名 けが, 負傷

▼▲

☆☆次の英文を読んで，あとの設問に答えなさい。　　　　　　　　　　　（20点×5）

Ryo :　Did you know Akira is in the hospital?

Fred :　No, I didn't.　What happened to him?

Ryo :　He broke his right leg when he was ⬤1 .

Fred :　②Oh, that's too bad.

Ryo :　③I'm going to visit him this afternoon.

　　　　④ you come with me?

Fred :　All right.

　　　　　　　　(At the hospital)

Ryo :　Excuse me.　Where is Akira's room?

Nurse :　You mean Kimura Akira?　No, you can't see him.

Fred :　Is his injury so serious?　Can I see him tomorrow?

Nurse :　You can't tomorrow, either.　He left the hospital early this morning.

59

(1) 内容の理解　⬤1 に最も適切なものを１つ選びなさい。

　　ア　eating lunch　　　　イ　playing the piano

　　ウ　playing football　　エ　reading a magazine

(2) be going to など　下線部②・③を日本文になおしなさい。

　　② (　　　　　　　　　　　　　　　　　　　　　　　　　　)

　　③ (　　　　　　　　　　　　　　　　　　　　　　　　　　)

(3) 助　動　詞　④ にあてはまる１語を選びなさい。

　　ア　May　　　　イ　Will　　　　ウ　Shall　　　　エ　Did

(4) 内容の理解　遼とフレッドが病院で明（あきら）に会えないわけを日本語で説明しなさい。

　　(　　　　　　　　　　　　　　　　　　　　　　　　　　　)

◯◯ポイント◯◯

(1) when の前の内容から考える。過去進行形の文。
☞チェック5

(2)②決まった言い方。
◀左ページを見よ

③ be going to の意味を考える。
☞チェック15

(3)「～しませんか」の意味の文にする。
☞チェック18

(4)最後の文に注目する。

59

まとめて覚えよう❸

∷∷∷∷∷ 反対語・対照語を集めてみよう ∷∷∷∷∷

★日常よく使われる形容詞で，反対の意味を表すもの・対照的な意味を表すものです。

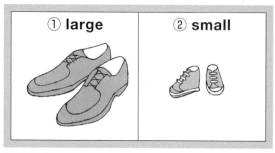

① large ② small

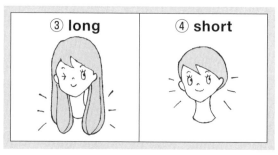

③ long ④ short

⑤ high ⑥ low

⑦ new ⑧ old

⑨ hot ⑩ cold

⑪ light ⑫ heavy

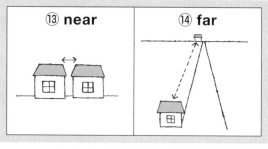

⑬ near ⑭ far

⑮ rich ⑯ poor

① [láːrdʒ]（ラーヂ）：大きい　② [smɔ́ːl]（スモール）：小さい　③ [lɔ́ːŋ]（ローング）：長い　④ [ʃɔ́ːrt]（ショート）：短い

⑤ [hái]（ハイ）：高い　⑥ [lóu]（ロウ）：低い　⑦ [n(j)úː]（ヌー）：新しい　⑧ [óuld]（オウルド）：古い

⑨ [hát]（ハット）：暑い　⑩ [kóuld]（コウルド）：寒い　⑪ [láit]（ライト）：軽い　⑫ [hévi]（ヘヴィ）：重い

⑬ [níər]（ニァ）：近い　⑭ [fáːr]（ファー）：遠い　⑮ [rítʃ]（リッチ）：金持ちの　⑯ [púər]（プァ）：貧乏な

（発音と意味は下段に示してあります）

⑰ easy　⑱ difficult

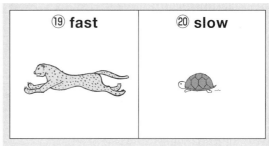

⑲ fast　⑳ slow

㉑ early　㉒ late

㉓ cool　㉔ warm

㉕ hard　㉖ soft

㉗ light　㉘ dark

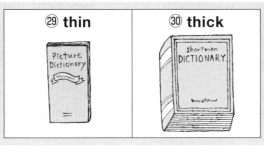

㉙ thin　㉚ thick

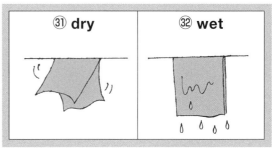

㉛ dry　㉜ wet

⑰[íːzi]：やさしい　⑱[dífikəlt]：難しい　⑲[fæst]：速い　⑳[slóu]：遅い

㉑[ə́ːrli]：早い　㉒[léit]：遅い　㉓[kúːl]：すずしい　㉔[wɔ́ːrm]：暖かい

㉕[háːrd]：かたい　㉖[sɔ́ːft]：やわらかい　㉗[láit]：明るい　㉘[dáːrk]：暗い

㉙[θín]：うすい　㉚[θík]：厚い　㉛[drái]：かわいた　㉜[wét]：ぬれた

お願いします

月　日

点

解答は別冊 P.16・17

1 次の英語は日本語に，日本語は英語になおしなさい。 （2点×18）

(1)	hospital	( )	(2)	animal	( )	
(3)	turn	( )	(4)	train	( )	
(5)	restaurant	( )	(6)	mail	( )	
(7)	difficult	( )	(8)	warm	( )	
(9)	部屋	＿＿＿＿	(10)	切手	＿＿＿＿	
(11)	閉める	＿＿＿＿	(12)	開いた	＿＿＿＿	
(13)	図書館	＿＿＿＿	(14)	見つける	＿＿＿＿	
(15)	右	＿＿＿＿	(16)	遠い	＿＿＿＿	
(17)	着く	＿＿＿＿	(18)	送る	＿＿＿＿	

2 次の AB と CD の関係がほぼ同じになるように，D に適語を入れなさい。 （2点×6）

	A	B	C	D
(1)	slow	fast	late	＿＿＿＿
(2)	come	came	leave	＿＿＿＿
(3)	no	know	see	＿＿＿＿
(4)	beautiful	beautifully	easy	＿＿＿＿
(5)	far	near	long	＿＿＿＿
(6)	come	go	lend	＿＿＿＿

3 次の語群を，日本文に合うように並べかえなさい。 （6点×2）

(1) あなたはあの部屋で何を探していたのですか。

(room / you / for / that / what / were / looking / in / ?)

＿＿＿＿＿＿＿＿＿＿＿＿＿＿＿＿＿＿＿＿＿＿＿＿＿

(2) あなたの町にはいくつ学校がありますか。

(schools / your / in / how / are / town / many / there / ?)

＿＿＿＿＿＿＿＿＿＿＿＿＿＿＿＿＿＿＿＿＿＿＿＿＿

4 次の英文を読んで，あとの設問に答えなさい。 （10点×4）

Florence speaks to a woman on the street. Florence is with her friend Ayaka.

Florence : Excuse me, but how do I get to the art museum?

Woman : Let's see. Walk two blocks along this street, and turn left. Walk another block, ❶ you will find the museum. You can't miss it.

Florence : Thank you so much.

Florence and Ayaka are now in the art museum.

Florence : Do you have Monet's pictures here? Can you tell me where?

Clerk : Yes, they are on the fifth floor. You can take that elevator over there.

Ayaka : Thank you. Florence, you look very interested ❷ Monet's pictures. Why do you like them so much?

Florence : Good question! When I see the beautiful flowers in the sunlight, I always remember my grandparents' birthplace, a small village in France. They say there are a lot of beautiful flowers there. You know, my name means "flower" in Latin.

Ayaka : Oh, I didn't know that. You have a good name!

Florence : Thank you.

[注] art museum：美術館　block：区画　along：〜に沿って　miss：見逃す

Monet：モネ（フランスの画家）　question：質問　sunlight：日光

remember：思い出す　birthplace：出生地　Latin：ラテン語　🔊 63

(1) ❶ と ❷ に適する語を１つずつ書きなさい。

❶ ＿＿＿＿＿＿＿＿　❷ ＿＿＿＿＿＿＿

(2) 次のそれぞれの質問に，(a)・(b)ともに主語と動詞のある５語の英文で答えなさい。

(a) How many blocks must Florence and Ayaka walk to the museum?

＿＿＿＿＿＿＿＿＿＿＿＿＿＿＿＿＿＿＿＿＿＿

(b) Where were Florence's grandparents born?

＿＿＿＿＿＿＿＿＿＿＿＿＿＿＿＿＿＿＿＿＿＿

On the Phone 電話で話そう

単語・熟語の解説は別冊 P.17

|意味| 意味を書いてみましょう。 |練習| つづりの練習をして覚えましょう。

STEP1 ●基礎

1 □ **fine** [fáin] ファイン |意味|＿＿＿＿ |練習|＿＿＿＿＿＿＿＿

2 □ **mean** [míːn] ミーン |意味|＿＿＿＿ |練習|＿＿＿＿＿＿＿＿

3 □ **rain** [réin] レイン |意味|＿＿＿＿ |練習|＿＿＿＿＿＿＿＿

4 □ **hard** [háːrd] ハード |意味|＿＿＿＿ |練習|＿＿＿＿＿＿＿＿

5 □ **snow** [snóu] スノゥ |意味|＿＿＿＿ |練習|＿＿＿＿＿＿＿＿

STEP2 ●中級

6 □ **weather** [wéðər] ウェザァ |意味|＿＿＿＿ |練習|＿＿＿＿＿＿

7 □ **sunny** [sʌ́ni] サニィ |意味|＿＿＿＿ |練習|＿＿＿＿＿＿＿

8 □ **cloudy** [kláudi] クラウディ |意味|＿＿＿＿ |練習|＿＿＿＿＿＿＿

9 □ **at night** |意味|＿＿＿＿ |練習|＿＿＿＿＿＿＿

10 □ **Why don't you ～?** |意味|＿＿＿＿ |練習|＿＿＿＿

11 □ **join** [dʒɔ́in] チョイン |意味|＿＿＿＿ |練習|＿＿＿＿＿＿＿

12 □ **detail** [díːteil] ディーテイル |意味|＿＿＿＿ |練習|＿＿＿＿＿＿＿

STEP3 ●上級

13 □ **forecast** [fɔ́ːrkæst] フォーキャスト |意味|＿＿＿＿ |練習|＿＿＿＿

14 □ **clear up** |意味|＿＿＿＿ |練習|＿＿＿＿＿＿＿

15 □ **I'd love to.** |意味|＿＿＿＿ |練習|＿＿＿＿＿＿＿

▼▲▼▲▼▲▼▲▼▲▼▲▼▲▼▲▼▲ (単語・熟語の意味) ▼▲▼▲▼▲▼▲▼▲▼▲▼▲▼▲▼

1 □ 形 すばらしい, 晴れた　6 □ 名 天気, 天候　11 □ 動 加わる, 参加する

2 □ 動 意味する　7 □ 形 晴れた, 日の差す　12 □ 名 細部, 細かい点

3 □ 動 雨が降る　8 □ 形 くもった　13 □ 名 予報

4 □ 副 激しく　9 □ 熟 夜に　14 □ 熟 晴れあがる

5 □ 動 雪が降る　10 □ 熟 ～しませんか。　15 □ 熟 ぜひそうしたいです。

▼▲▼

☆☆次の英文を読んで，あとの設問に答えなさい。　　　　　　　　　　(25点×4)

北海道へ旅行に出かけている Naomi から Ken に電話がかかってきました。

Naomi : Hello, Ken.

Ken : Hi, Naomi. How are you doing?

Naomi : Everything is fine except the weather.

Ken : What do you mean?

Naomi : It was sunny this morning, but in the afternoon it began to get cloudy, and it's raining hard now. The weather forecast says it will begin to snow at night. I hope it will ❶clear up tomorrow morning. How's the weather there, by the way?

Ken : We're having beautiful days. Next Sunday I'm going on a picnic with my family. ❷Why don't you join us?

Naomi : Oh, thank you. I'd love to. Please e-mail me about the details of the plan later.

🔊 65

(1) 内容の理解　Naomi の旅先での今日の天気の移り変わりについて，順に番号を書きなさい。　　　　　　　　　　　　(完答)

ア〔　〕　　イ〔　〕　　ウ〔　〕　　エ〔　〕

　　　　　　☂

(2) 同意表現　下線部❶と置きかえられるものを1つ選びなさい。

ア　be cloudy　　　イ　be fine　　　ウ　snow

(3) 熟語の知識　下線部❷を日本文になおしなさい。

(　　　　　　　　　　　　　　　　　　　　　　　　　)

(4) 内容の理解　次の質問に対する答えの文を完成しなさい。

Is Naomi going on a picnic with Ken's family next Sunday?

―― ＿＿＿＿＿＿＿＿＿, she ＿＿＿＿＿＿＿.

◇ポイント◇

(1) Naomi の It was で始まる発言から考える。

(2) clear up の意味は？

◀左ページを見よ

(3) Why don't you ～? の意味は？

◀左ページを見よ

(4) Naomi の最後の発言内容から考える。

On the Phone 電話で話そう

単語・熟語の解説は別冊 P.17

|意味|意味を書いてみましょう。|練習|つづりの練習をして覚えましょう。

STEP1 ●基礎

1 □ **before** [bifɔ́ːr] ビフォーァ |意味＿＿＿＿＿＿ |練習＿＿＿＿＿＿＿＿＿＿＿＿＿

2 □ **noon** [núːn] ヌーン |意味＿＿＿＿＿＿ |練習＿＿＿＿＿＿＿＿＿＿＿＿＿

3 □ **hair** [héər] ヘア |意味＿＿＿＿＿＿ |練習＿＿＿＿＿＿＿＿＿＿＿＿＿

4 □ **dark** [dáːrk] ダーク |意味＿＿＿＿＿＿ |練習＿＿＿＿＿＿＿＿＿＿＿＿＿

STEP2 ●中級

5 □ **met** [mét] メット |意味＿＿＿＿＿＿ |練習＿＿＿＿＿＿＿＿＿＿＿＿＿

6 □ **phone** [fóun] フォウン |意味＿＿＿＿＿＿ |練習＿＿＿＿＿＿＿＿＿＿＿＿＿

7 □ **quite** [kwáit] クワイト |意味＿＿＿＿＿＿ |練習＿＿＿＿＿＿＿＿＿＿＿＿＿

8 □ **straight** [stréit] ストゥレイト |意味＿＿＿＿＿＿ |練習＿＿＿＿＿＿＿＿＿＿＿＿＿

9 □ **wear** [wéər] ウェア |意味＿＿＿＿＿＿ |練習＿＿＿＿＿＿＿＿＿＿＿＿＿

10 □ **glasses** [glǽsiz] グラスィズ |意味＿＿＿＿＿＿ |練習＿＿＿＿＿＿＿＿＿＿＿＿＿

11 □ **suit** [súːt] スート |意味＿＿＿＿＿＿ |練習＿＿＿＿＿＿＿＿＿＿＿＿＿

12 □ **shirt** [ʃə́ːrt] シャート |意味＿＿＿＿＿＿ |練習＿＿＿＿＿＿＿＿＿＿＿＿＿

13 □ **skirt** [skə́ːrt] スカート |意味＿＿＿＿＿＿ |練習＿＿＿＿＿＿＿＿＿＿＿＿＿

STEP3 ●上級

14 □ **look forward to ～ing** |意味＿＿＿＿＿＿ |練習＿＿＿＿＿＿＿＿＿＿＿＿＿

15 □ **recognize** [rékəgnàiz] レコグナイズ |意味＿＿＿＿＿＿ |練習＿＿＿＿＿＿＿＿＿＿＿＿＿

▼▼▼▼▼▼▼▼▼▼▼▼▼▼▼▼▼▼▼▼▼ 単語・熟語の意味 ▼▼▼▼▼▼▼▼▼▼▼▼▼▼▼▼▼▼▼▼▼

1 □副 以前に，今までに 　**6** □名 電話 　　　　　**11** □名 スーツ

2 □名 正午，真昼 　　　**7** □副 かなり 　　　　**12** □名 シャツ

3 □名 髪の毛，毛 　　　**8** □形 まっすぐな 　　**13** □名 スカート

4 □形 濃い，暗い 　　　**9** □動 着ている，つける **14** □熟 ～するのを楽しみに待つ

5 □動 meet(会う)の過去形 **10** □名 めがね 　　　**15** □動 (～だと)わかる

▲▲▲

2 | SEE YOU TOMORROW 明日お会いしましょう

解答・考え方は別冊 P.18

☆☆次の英文を読んで，あとの設問に答えなさい。 (20点×5)

Mary is going to meet a girl. Mary never met her before. They are talking on the phone.

Mary : ❶I'm looking forward to meeting you, Jenny. Let's have lunch at the New Tokyo Hotel. ❷Why don't we meet on the third floor?

Jenny : That will be fine. How about at noon?

Mary : All right. Oh, but ［　❸　］?

Jenny : Well, I'm quite tall, and I have straight black hair. What about you?

Mary : I have brown hair, and wear glasses.

Jenny : ❹What are you going to wear?

Mary : Let me see. Oh, yes. I'll wear my dark blue suit. How about you?

Jenny : Well, I'll wear a pink shirt and a gray skirt.

Mary : All right. I think I'll recognize you all right. See you tomorrow.

Jenny : Bye.

◀) 67

---

(1) 〔熟語などの知識〕 下線部❶・❹を日本文になおしなさい。

　❶ (　　　　　　　　　　　　　　　　　　　　　　　　)

　❹ (　　　　　　　　　　　　　　　　　　　　　　　　)

(2) 〔助　動　詞〕 下線部❷と同じ内容になるように空所を補いなさい。

　＿＿＿＿＿＿＿＿ we meet on the third floor?

(3) 〔内容の理解〕 ❸ に最も適切なものを1つ選びなさい。

　ア　how will I know you　　　　イ　how are you

　ウ　how can I understand you　　エ　how do you like

(4) 〔内容の理解〕 Jenny にあてはまるものを1つ選びなさい。

　ア　She is a very tall girl with brown hair.

　イ　She is a short girl with long black hair.

　ウ　She is a very tall girl with straight black hair.

◇◯ポイント◯◇

(1)❶ look forward to ～ing の意味に注意する。

◀左ページを見よ

❹ be going to の疑問文。☞チェック15

(2) Why don't we ～? は「～しませんか」と誘う文になる。これを助動詞のある文を使って表す。☞チェック18

(3)次の文の内容から考える。

(4)ジェニーの発言に注意。

On the Phone 電話で話そう

単語・熟語の解説は別冊 P.18

意味 意味を書いてみましょう。 練習 つづりの練習をして覚えましょう。

STEP1 ●基礎

① □ **one day** 意味＿＿＿＿＿＿ 練習＿＿＿＿＿＿＿＿＿＿＿＿＿＿

② □ **call** [kɔ́ːl] 意味＿＿＿＿＿＿ 練習＿＿＿＿＿＿＿＿＿＿＿＿＿＿

③ □ **hope** [hóup] 意味＿＿＿＿＿＿ 練習＿＿＿＿＿＿＿＿＿＿＿＿＿＿

④ □ **begin** [bigín] 意味＿＿＿＿＿＿ 練習＿＿＿＿＿＿＿＿＿＿＿＿＿＿

⑤ □ **fly** [flái] 意味＿＿＿＿＿＿ 練習＿＿＿＿＿＿＿＿＿＿＿＿＿＿

⑥ □ **same** [séim] 意味＿＿＿＿＿＿ 練習＿＿＿＿＿＿＿＿＿＿＿＿＿＿

⑦ □ **give** [gív] 意味＿＿＿＿＿＿ 練習＿＿＿＿＿＿＿＿＿＿＿＿＿＿

⑧ □ **present** [prézənt] 意味＿＿＿＿＿＿ 練習＿＿＿＿＿＿＿＿＿＿＿＿

STEP2 ●中級

⑨ □ **got** [gát] 意味＿＿＿＿＿＿ 練習＿＿＿＿＿＿＿＿＿＿＿＿＿＿

⑩ □ **doll** [dál] 意味＿＿＿＿＿＿ 練習＿＿＿＿＿＿＿＿＿＿＿＿＿＿

⑪ □ **birthday** [báːrθdèi] 意味＿＿＿＿＿＿ 練習＿＿＿＿＿＿＿＿＿＿＿＿

⑫ □ **difference** [dífərəns] 意味＿＿＿＿＿＿ 練習＿＿＿＿＿＿＿＿＿＿

⑬ □ **between ～ and …** 意味＿＿＿＿＿＿ 練習＿＿＿＿＿＿＿＿＿＿

⑭ □ **party** [páːrti] 意味＿＿＿＿＿＿ 練習＿＿＿＿＿＿＿＿＿＿＿＿＿＿

STEP3 ●上級

⑮ □ **time difference** 意味＿＿＿＿＿＿ 練習＿＿＿＿＿＿＿＿＿＿＿＿＿＿

▼▲▼▲▼▲▼▲▼▲▼▲▼▲▼▲▼▲ 単語・熟語の意味 ▼▲▼▲▼▲▼▲▼▲▼▲▼▲▼▲▼

❶ □ 熟 (過去の)ある日 　　❻ □ 形 同じ，同一の 　　⓫ □ 名 誕生日

❷ □ 名 (電話の)呼び出し 　❼ □ 動 与える，あげる 　⓬ □ 名 相違，違い

❸ □ 動 望む，希望する 　　❽ □ 名 贈り物 　　　　　⓭ □ 熟 ～と…の間に

❹ □ 動 始まる 　　　　　　❾ □ 動 get(得る)の過去形 ⓮ □ 名 パーティー

❺ □ 動 飛行機で行く 　　　❿ □ 名 人形 　　　　　　⓯ □ 熟 時差

☆☆次の英文を読んで，あとの設問に答えなさい。　　　　　　　　　　　(20点×5)

　　Mariko has a friend in New York.　Her name is Nancy.　One day Mariko got a phone call from her.

Mariko :　Hello.　Good morning.　This is Mariko speaking.

Nancy :　Good evening, Mariko.　This is Nancy.　Thank you for sending me the beautiful Japanese doll for my birthday.

Mariko :　I hope you like it.

Nancy :　I love it.　Well, you said, "Good morning," but it's Saturday evening here.　What time is it now in Japan?

Mariko :　Nine o'clock, Sunday morning, November 25th.　❶There is a large time difference between Japan and America.　The day begins ❷ in Japan than in New York.　❸If I fly to New York just after my birthday party in Japan, I can have another birthday party there on the same day.

Nancy :　Yes, do that.　I will give you another present.

🔊 69

---

(1) （熟語・接続詞など）　下線部❶・❸を日本文になおしなさい。

　❶　(　　　　　　　　　　　　　　　　　　　　　　　　　　)

　❸　(　　　　　　　　　　　　　　　　　　　　　　　　　　　　　　　)

(2) （内容の理解）　❷にあてはまる語を1つ選びなさい。

　ア　shorter　　イ　earlier　　ウ　longer　　エ　later

(3) （内容の理解）　本文の内容と合うものを2つ選びなさい。

　ア〔　　〕　Mariko sent a beautiful doll to Nancy.

　イ〔　　〕　Nancy doesn't like the doll very much.

　ウ〔　　〕　It's November 24th in New York.

　エ〔　　〕　Mariko is going to New York this evening.

　オ〔　　〕　Mariko has two birthdays.

◯ポイント◯

(1) ❶ between 〜 and ... の意味に注意。

◀左ページを見よ

❸ if は仮定や条件を表す。

☞チェック**38**

(2)日本とニューヨークではどちらが先に新しい日が始まるのかを考える。

(3)エ下線部❸は仮定の話であることに注意する。

On the Phone 電話で話そう

単語・熟語の解説は別冊 P.19

意味 意味を書いてみましょう。 練習 つづりの練習をして覚えましょう。

STEP1 ●基礎

① □ **I'm sorry.** 　意味＿＿＿＿＿＿ 練習＿＿＿＿＿＿＿＿＿＿＿＿

② □ **wrong** [rɔ́:ŋ] ^{ローング}　意味＿＿＿＿＿＿ 練習＿＿＿＿＿＿＿＿＿＿＿＿

STEP2 ●中級

③ □ **telephone** [téləfòun] ^{テレフォウン}　意味＿＿＿＿＿＿ 練習＿＿＿＿＿＿＿＿

④ □ **ring** [ríŋ] ^{リング}　意味＿＿＿＿＿＿ 練習＿＿＿＿＿＿＿＿＿＿＿＿

⑤ □ **Is ～ there?** 　意味＿＿＿＿＿＿ 練習＿＿＿＿＿＿＿＿＿＿＿＿

⑥ □ **be out** 　意味＿＿＿＿＿＿ 練習＿＿＿＿＿＿＿＿＿＿＿＿

⑦ □ **I'd like to ～** 　意味＿＿＿＿＿＿ 練習＿＿＿＿＿＿＿＿＿＿＿＿

⑧ □ **get back** 　意味＿＿＿＿＿＿ 練習＿＿＿＿＿＿＿＿＿＿＿＿

⑨ □ **speak to ～** 　意味＿＿＿＿＿＿ 練習＿＿＿＿＿＿＿＿＿＿＿＿

⑩ □ **fact** [fǽkt] ^{ファクト}　意味＿＿＿＿＿＿ 練習＿＿＿＿＿＿＿＿＿＿＿＿

STEP3 ●上級

⑪ □ **pick up ～** 　意味＿＿＿＿＿＿ 練習＿＿＿＿＿＿＿＿＿＿＿＿

⑫ □ **receiver** [risí:vər] ^{リスィーヴァ}　意味＿＿＿＿＿＿ 練習＿＿＿＿＿＿＿＿

⑬ □ **～ or so** 　意味＿＿＿＿＿＿ 練習＿＿＿＿＿＿＿＿＿＿＿＿

⑭ □ **I'm afraid ～** 　意味＿＿＿＿＿＿ 練習＿＿＿＿＿＿＿＿＿＿＿＿

⑮ □ **in fact** 　意味＿＿＿＿＿＿ 練習＿＿＿＿＿＿＿＿＿＿＿＿

▼▲▼▲▼▲▼▲▼▲▼▲▼▲▼▲▼▲ 単語・熟語の意味 ▼▲▼▲▼▲▼▲▼▲▼▲▼▲▼▲

① □ 熟 すみません。　　⑥ □ 熟 出かけている　　⑪ □ 熟 ～を持ち上げる

② □ 形 間違った　　　⑦ □ 熟 ～したいのですが　⑫ □ 名 受話器

③ □ 名 電話　　　　　⑧ □ 熟 もどる，帰る　　　⑬ □ 熟 ～かそこら

④ □ 動 鳴る　　　　　⑨ □ 熟 ～と話す　　　　　⑭ □ 熟 残念ながら～と思う

⑤ □ 熟 (電話で)~さんは在宅ですか。　⑩ □ 名 事実，現実　⑮ □ 熟 実際は，はっきり言えば

▼▲

4 | YOU HAVE THE WRONG NUMBER　まちがい電話

解答・考え方は別冊 P.19

☆☆ 次の英文を読んで，あとの設問に答えなさい。　　　　　　　　　　（20点×5）

The telephone rings.　Bob picks up the receiver.

George :　❶<u>Is Betty there, please?</u>

Bob :　　I'm sorry, she's not here.　She's out at work.

George :　❷(will / home / when / she / come / ?)

Bob :　　In an hour or so, I think.

George :　❸<u>I'd like to have a phone call when she gets back.</u>

Bob :　　Can I have your name and number?

George : It's George, her boyfriend.　She has my number.

Bob :　　Oh, you must have the wrong number, I'm afraid.

George : I wanted to speak to Betty Clark.

Bob :　　Oh!

George : Are you her brother?

Bob :　　No, I'm not.　In fact, I'm her husband.

71

---

(1) 　同　意　文　　下線部❶と同じ内容になるように空所を補いなさい。

　　　　　　　　　　　 _____ I speak to Betty, please?

(2) 　未来の疑問文　　❷の（　）内の語を正しく並べかえなさい。

　　_____

(3) 　接続詞 when　　下線部❸を日本文になおしなさい。

　　（　　　　　　　　　　　　　　　　　　　　　　　　　　　　　　　）

(4) 　内容の理解　　本文の内容と合うものを 2 つ選びなさい。

　　ア 〔　　〕 ジョージとボブは兄弟である。

　　イ 〔　　〕 ジョージの電話を受けたのはベティーの夫だった。

　　ウ 〔　　〕 ベティーは今ジョージの家にいる。

　　エ 〔　　〕 ジョージはボブの存在を知らなかった。

○◁ポイント▷○

(1)「ベティーと話したい」ことを伝える内容になる。

◀◀左ページを見よ

(2)「彼女はいつ帰宅しますか」の意味に。

☞チェック 16

(3) get back の意味にも注意する。

◀◀左ページを見よ

(4) ジョージ，ボブ，ベティーの関係をまず整理してみよう。

セクション 5 On the Phone 電話で話そう

単語・熟語の解説は別冊 P.19

意味 意味を書いてみましょう。 練習 つづりの練習をして覚えましょう。

STEP1 ●基礎

① □ **road** [róud] 意味＿＿＿＿ 練習＿＿＿＿＿＿＿＿＿＿
② □ **trouble** [trʌ́bl] 意味＿＿＿＿ 練習＿＿＿＿＿＿＿＿＿＿
③ □ **fire** [fáiər] 意味＿＿＿＿ 練習＿＿＿＿＿＿＿＿＿＿

STEP2 ●中級

④ □ **voice** [vɔ́is] 意味＿＿＿＿ 練習＿＿＿＿＿＿＿＿＿＿
⑤ □ **at once** 意味＿＿＿＿ 練習＿＿＿＿＿＿＿＿＿＿
⑥ □ **badly** [bǽdli] 意味＿＿＿＿ 練習＿＿＿＿＿＿＿＿＿＿
⑦ □ **hurt** [hə́ːrt] 意味＿＿＿＿ 練習＿＿＿＿＿＿＿＿＿＿
⑧ □ **What's the matter?** 意味＿＿＿＿ 練習＿＿＿＿＿＿＿＿＿＿
⑨ □ **burn** [bə́ːrn] 意味＿＿＿＿ 練習＿＿＿＿＿＿＿＿＿＿
⑩ □ **right now** 意味＿＿＿＿ 練習＿＿＿＿＿＿＿＿＿＿

STEP3 ●上級

⑪ □ **operator** [ápərèitər] 意味＿＿＿＿ 練習＿＿＿＿＿＿＿＿＿＿
⑫ □ **emergency** [imə́ːrdʒənsi] 意味＿＿＿＿ 練習＿＿＿＿＿＿＿＿＿＿
⑬ □ **ambulance** [ǽmbjələns] 意味＿＿＿＿ 練習＿＿＿＿＿＿＿＿＿＿
⑭ □ **calm** [káːm] 意味＿＿＿＿ 練習＿＿＿＿＿＿＿＿＿＿
⑮ □ **fire engine** 意味＿＿＿＿ 練習＿＿＿＿＿＿＿＿＿＿

▼▲▼▲▼▲▼▲▼▲▼▲▼▲▼▲▼▲▼ 単語・熟語の意味 ▼▲▼▲▼▲▼▲▼▲▼▲▼▲▼▲▼

① □ 名 道路, 道, 街道 　⑥ □ 副 とても, ひどく 　⑪ □ 名 交換手
② □ 名 困難, 災難, 心配 　⑦ □ 動 傷つける 　⑫ □ 名 緊急事態
③ □ 名 火事, 火 　⑧ □ 熟 どうしたのですか。 　⑬ □ 名 救急車
④ □ 名 声 　⑨ □ 動 燃える 　⑭ □ 形 落ち着いた, 冷静な
⑤ □ 熟 ただちに, すぐに 　⑩ □ 熟 すぐに, ただちに 　⑮ □ 熟 消防車

月	日
	点

☆☆次の英文を読んで，あとの設問に答えなさい。　　　　　　　　（20点×5）

Voice :　　　Operator! Operator!

Operator :　This is the operator. What's your emergency?

Voice :　　　Yes, operator ...! This is from my house, 6241
Chester Road. Please send an ambulance or
something ❶at once.

Operator :　Is somebody badly hurt?

Voice :　　　We need help. We ... We ...

Operator :　Hello, sir ...! I'll call an ambulance. But what's
the matter?

Voice :　　　It's ❷an emergency!

Operator :　What's the trouble?

Voice :　　　Our house is burning!

Operator :　A fire! ❸Be calm and get out of the house.
I'm sending fire engines right now.

🔊 73

(1) 〔熟語の知識〕　下線部❶とほぼ同じ意味の2語を書き出しなさい。

_____ _____

(2) 〔内容の理解〕　下線部❷の具体的な内容を日本語で書きなさい。

（　　　　　　　　　　　　　　　　　　　　）

(3) 〔命令文など〕　下線部❸を日本文になおしなさい。

（　　　　　　　　　　　　　　　　　　　　）

(4) 〔内容の理解〕　本文の内容と合うものを2つ選びなさい。

　ア〔　〕　The man's house is burning now.

　イ〔　〕　The operator thinks the man is in the house.

　ウ〔　〕　The operator knows the man very well.

　エ〔　〕　The man will be in the ambulance soon.

◇ポイント◇

(1)「すぐに，ただちに」の意味。

◀左ページを見よ

(2)「緊急事態」とはここで何を指すのか。

(3)命令文が2つ and で結ばれている。

(4)男性の家が今どういう状態で，その男性の現在のようすを読み取る。

電話で話そう

月　日

点

解答は別冊 P.19・20

1 次の英語は日本語に，日本語は英語になおしなさい。　　　　　（2点×18）

(1)	burn	(	)	(2)	telephone	(	)
(3)	fact	(	)	(4)	ring	(	)
(5)	present	(	)	(6)	fly	(	)
(7)	doll	(	)	(8)	noon	(	)

(9)　髪の毛　_____　　(10)　暗い　_____

(11)　雨が降る　_____　　(12)　晴れた　_____

(13)　激しく　_____　　(14)　火，火事　_____

(15)　始まる　_____　　(16)　以前　_____

(17)　与える　_____　　(18)　まちがった　_____

2 次の **AB** と **CD** の関係がほぼ同じになるように，**D** に適語を入れなさい。　　（2点×6）

	A	**B**	**C**	**D**
(1)	woman	man	wife	_____
(2)	right	left	different	_____
(3)	come	came	meet	_____
(4)	examination	exam	telephone	_____
(5)	break	broke	hurt	_____
(6)	go	went	get	_____

3 次の語群を，日本文に合うように並べかえなさい。　　　　　（6点×2）

(1)　このバスは渋谷と新宿の間を走っています。

（ runs / Shibuya / Shinjuku / this / and / bus / between / . ）

_____

(2)　あなたとまた会えるのを楽しみに待っています。

（ to / I'm / again / forward / looking / seeing / you / . ）

_____

4 次はボブがティムに電話をかけたときのものです。これを読んで，あとの設問に答えなさい。

(計 40 点)

（ボブからの電話にティムは出ることができません）

Tim's voice : Hello, this is Tim. I'm sorry I can't answer the phone.
      Please ❶ your message after the beep.

（ボブが留守番電話に話した内容です）

Bob : Hello, Tim. I said I would come to your house at ten thirty today to
      help you with your new computer. I'm still at school for club practice.
      I think I'll have to be here until one o'clock. I'll get to your house in
      the afternoon ... around two o'clock. One more thing! I'm stopping at
      the bakery on the way. <u>Why?</u> It's your birthday! ❷ you prefer
      chocolate or vanilla, please call back before ❸ o'clock.

（留守番電話へのティムの返事です）

Tim : Thank you for ❹ of me. I love chocolate and vanilla, so anything
      will be great. I am so happy that you remembered my birthday. See
      you later.

[注] beep：ビーッ（という音） get to 〜：〜に着く bakery：ケーキ屋, パン屋
   on the way：途中で prefer：好む chocolate：チョコレート
   vanilla：バニラ anything：（肯定文で）何でも remember：覚えている 🔊 75

(1) ❶ と ❹ に適する語を think, leave のどちらかから選び，必要に応じて
  形をかえて書きなさい。 (6 点 × 2)

   ❶ ＿＿＿＿＿＿＿＿   ❹ ＿＿＿＿＿＿＿＿

(2) ❷ と ❸ にあてはまる語の組み合わせで適切なものを 1 つ選びなさい。 (6 点)

   ア When — three   イ If — one   ウ What — five

(3) 下線部の Why? の答えにあたる部分を，日本語で答えなさい。 (10 点)

  （   ）

(4) 次のそれぞれの質問に英語で答えるとき，＿＿に適する語句を書きなさい。 (6 点 × 2)

  (a) Where is Bob now?

    He is ＿＿＿＿＿＿＿＿＿＿＿＿＿＿＿＿＿＿＿＿＿ now.

  (b) Why is Bob calling Tim?

    Because he wants to tell Tim that he will ＿＿＿＿＿＿＿＿＿＿＿.

Short Stories ① 物語①

単語・熟語の解説は別冊 P.20

|意味| 意味を書いてみましょう。 |練習| つづりの練習をして覚えましょう。

STEP1 ●基礎

1 □ **a few ～** 　|意味|＿＿＿＿＿ 　|練習|＿＿＿＿＿＿＿＿

2 □ **get on ～** 　|意味|＿＿＿＿＿ 　|練習|＿＿＿＿＿＿＿＿

3 □ **quickly** [kwíkli] 　|意味|＿＿＿＿＿ 　|練習|＿＿＿＿＿＿＿＿
　　　クウィクリィ

4 □ **get off ～** 　|意味|＿＿＿＿＿ 　|練習|＿＿＿＿＿＿＿＿

STEP2 ●中級

5 □ **bus stop** 　|意味|＿＿＿＿＿ 　|練習|＿＿＿＿＿＿＿＿

6 □ **empty** [émpti] 　|意味|＿＿＿＿＿ 　|練習|＿＿＿＿＿＿＿＿
　　　エンプティ

7 □ **seat** [síːt] 　|意味|＿＿＿＿＿ 　|練習|＿＿＿＿＿＿＿＿
　　　スィート

8 □ **stood** [stúd] 　|意味|＿＿＿＿＿ 　|練習|＿＿＿＿＿＿＿＿
　　　ストゥッド

9 □ **beside** [bisáid] 　|意味|＿＿＿＿＿ 　|練習|＿＿＿＿＿＿＿＿
　　　ビサイド

10 □ **second** [sékənd] 　|意味|＿＿＿＿＿ 　|練習|＿＿＿＿＿＿＿＿
　　　セカンド

11 □ **get up** 　|意味|＿＿＿＿＿ 　|練習|＿＿＿＿＿＿＿＿

12 □ **push** [púʃ] 　|意味|＿＿＿＿＿ 　|練習|＿＿＿＿＿＿＿＿
　　　プッシュ

13 □ **men** [mén] 　|意味|＿＿＿＿＿ 　|練習|＿＿＿＿＿＿＿＿
　　　メン

STEP3 ●上級

14 □ **equal** [íːkwəl] 　|意味|＿＿＿＿＿ 　|練習|＿＿＿＿＿＿＿＿
　　　イークワル

15 □ **angrily** [ǽŋgrəli] 　|意味|＿＿＿＿＿ 　|練習|＿＿＿＿＿＿＿＿
　　　アングリリィ

▼▲▼▲▼▲▼▲▼▲▼▲▼▲▼ 単語・熟語の意味 ▼▲▼▲▼▲▼▲▼▲▼▲▼▲

1 □熟 2，3の～　　6 □形 人のいない　　11 □熟 立ち上がる

2 □熟 ～に乗る　　7 □名 座席，席　　12 □動 押す

3 □副 すぐに，速く　　8 □動 stand(立つ)の過去形　　13 □名 man(男)の複数形

4 □熟 ～から降りる　　9 □前 ～のそばの〔に〕　　14 □形 平等な

5 □熟 バス停　　10 □名 (時間の)秒　　15 □副 怒って

▼▲

1 | PLEASE DON'T STAND UP 立たないでください

解答・考え方は別冊 P.20

月	日
	点

☆☆次の英文を読んで，あとの設問に答えなさい。　　　　　　　　　(20点×5)

ブラウン氏は仕事を終え，バスに乗って新聞を読み始めました。

After a few bus stops, an old woman with a big basket got on the bus. There were no empty seats, and she came and stood just beside Mr. Brown.

❶Mr. Brown was reading his newspaper and did not see her.　A few seconds after the woman came and stood beside him, he looked up, put his newspaper in his pocket, and then tried to get up out of his seat.　❷The woman pushed him back into it quickly.

He tried to stand up again, but again the woman pushed him back into his seat. Then she said to him, "☐❸☐ I'm a working woman, and you're a working man. Men and women are equal now."

But Mr. Brown looked at her angrily and said, "This time I really am going to stand up, madam. I am getting off at the next stop."

🔊 77

(1) 過去進行形など　　下線部❶・❷を日本文になおしなさい。ただし，❷は it の指す内容をはっきりさせること。

❶ (　　　　　　　　　　　　　　　　　　　　　　　　　)

❷ (　　　　　　　　　　　　　　　　　　　　　　　　　)

(2) 内容の理解　　❸ に最も適するものを１つ選びなさい。

ア　Please stand up.　　　　　イ　Please don't stand up.

ウ　Please give me your seat.

エ　Please don't read a newspaper on the bus.

(3) 内容の理解　本文の内容と合うものを２つ選びなさい。

ア〔　　〕The old woman was carrying a big basket.

イ〔　　〕The old woman didn't want to sit beside Mr. Brown.

ウ〔　　〕Mr. Brown was sitting in a seat on the bus.

エ〔　　〕The old woman wanted to get Mr. Brown's seat.

◯◯ポイント◯◯

(1)❶前半は過去進行形，後半は過去の否定文。

☞チェック2・5

❷ it の内容は直前の文にある。

(2)前の文とのつながりと，このあとに続いている発言から考える。

(3)老婦人のバスの中のようすを中心に考えてみよう。

Short Stories ① 物語①

単語・熟語の解説は別冊 P.21

意味 意味を書いてみましょう。 練習 つづりの練習をして覚えましょう。

STEP1 ●基礎

1 □ **woman** [wúmən] ウマン 意味＿＿＿＿＿ 練習＿＿＿＿＿

2 □ **about** [əbáut] アバウト 意味＿＿＿＿＿ 練習＿＿＿＿＿

3 □ **hat** [hǽt] ハット 意味＿＿＿＿＿ 練習＿＿＿＿＿

4 □ **month** [mʌ́nθ] マンス 意味＿＿＿＿＿ 練習＿＿＿＿＿

5 □ **into** [íntə:] イントゥー 意味＿＿＿＿＿ 練習＿＿＿＿＿

6 □ **show** [ʃóu] ショウ 意味＿＿＿＿＿ 練習＿＿＿＿＿

7 □ **bring** [bríŋ] ブリング 意味＿＿＿＿＿ 練習＿＿＿＿＿

8 □ **hour** [áuər] アウア 意味＿＿＿＿＿ 練習＿＿＿＿＿

9 □ **ask** [ǽsk] アスク 意味＿＿＿＿＿ 練習＿＿＿＿＿

STEP2 ●中級

10 □ **almost** [ɔ́:lmoust] オールモウスト 意味＿＿＿＿＿ 練習＿＿＿＿＿

11 □ **try ～ on** 意味＿＿＿＿＿ 練習＿＿＿＿＿

STEP3 ●上級

12 □ **one after another** 意味＿＿＿＿＿ 練習＿＿＿＿＿

13 □ **decide on ～** 意味＿＿＿＿＿ 練習＿＿＿＿＿

14 □ **～ or so** 意味＿＿＿＿＿ 練習＿＿＿＿＿

15 □ **choice** [tʃɔ́is] チョイス 意味＿＿＿＿＿ 練習＿＿＿＿＿

▽▲▽▲▽▲▽▲▽▲▽▲▽▲▽▲ 単語・熟語の意味 ▲▽▲▽▲▽▲▽▲▽▲▽▲▽▲▽

1 □ 名 女性，女の人　　　6 □ 動 (～を…に)見せる　　11 □ 熟 ～を試着する

2 □ 副 約，およそ　　　　7 □ 動 (～を…に)持ってくる　12 □ 熟 次から次へと

3 □ 名 (ふちのある)ぼうし　8 □ 名 1時間　　　　　　13 □ 熟 ～に決める

4 □ 名 (暦の)月　　　　　9 □ 動 たずねる　　　　　14 □ 熟 ～かそこら

5 □ 前 ～の中へ〔に〕　　10 □ 副 ほとんど　　　　　15 □ 名 選択，選んだもの

THIS HAT IS ... このぼうしは…

解答・考え方は別冊 P.21

月　　　日

点

★★次の英文を読んで，あとの設問に答えなさい。 (20点×5)

　Mrs. Emily Jones is an older woman about seventy, and she likes hats very much.　She buys a new hat ❶(month / almost / every).

　Last week she went to town to buy a nice, new hat. She went into a hat shop and said to one of the clerks, "I want to buy a nice hat.　Please show me some."

　The clerk ❷(bring) her a lot of hats, and Mrs. Jones tried them all on one after another, but she couldn't decide on one.　After an hour or so, she said, "Oh, this red hat is very good.　Can you send it to me, please?" She was very happy about ❸her choice.

　Then, the clerk said to her, "We can send this hat to you, but we can't sell it to you!"　"❹Why can't you?" asked Mrs. Jones.　"Because this hat is ❺ .　You came into the shop with it," answered the clerk.

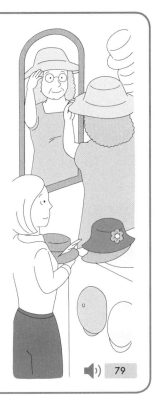

79

(1) 副詞など　❶の(　　)内の語を正しく並べかえなさい。

　She buys a new hat ＿＿＿＿＿＿＿＿＿＿＿＿＿＿＿.

(2) 不規則動詞　❷(　　)内の語を適する形にかえなさい。

　＿＿＿＿＿＿＿＿＿

(3) 内容の理解　下線部❸の具体的な内容を日本語で説明しなさい。

　(　　　　　　　　　　　　　　　　　　　　　　　　　　　　)

(4) 内容の理解　下線部❹で省略されている語句を補って書きなさい。

　Why can't you ＿＿＿＿＿＿＿＿＿＿＿＿＿＿＿?

(5) 内容の理解　前後の内容を考えて，❺ に適する語を１つ選びなさい。

　ア　mine　　イ　hers　　ウ　yours

◇◆ポイント◆◇

(1) every month が
ひとまとまりになる。

(2) bring は不規則動
詞である。不規則動
詞は，１つずつ確認
しておくこと。

(3) 「彼女が選んだこ
と」とはどういうこ
とかを考える。

(4) 直前の文の内容か
ら考える。

(5) 選択肢はいずれも
「～のもの」を表す所
有代名詞。どれを入
れると話がまとまる
か考える。

Short Stories ① 物語①

単語・熟語の解説は別冊 P.21

意味 意味を書いてみましょう。 練習 つづりの練習をして覚えましょう。

STEP 1 ●基礎

1 □ **store** [stɔ́ːr] ストーァ 意味＿＿＿＿ 練習＿＿＿＿

2 □ **story** [stɔ́ːri] ストーリィ 意味＿＿＿＿ 練習＿＿＿＿

3 □ **cry** [krái] クライ 意味＿＿＿＿ 練習＿＿＿＿

4 □ **remember** [rimémbər] リメンバァ 意味＿＿＿＿ 練習＿＿＿＿

5 □ **smile** [smáil] スマイル 意味＿＿＿＿ 練習＿＿＿＿

STEP 2 ●中級

6 □ **pleased** [plíːzd] プリーズド 意味＿＿＿＿ 練習＿＿＿＿

7 □ **doll** [dál] ダル 意味＿＿＿＿ 練習＿＿＿＿

8 □ **change** [tʃéindʒ] チェインヂ 意味＿＿＿＿ 練習＿＿＿＿

9 □ **living room** 意味＿＿＿＿ 練習＿＿＿＿

10 □ **saw** [sɔ́ː] ソー 意味＿＿＿＿ 練習＿＿＿＿

11 □ **be interested in ～** 意味＿＿＿＿ 練習＿＿＿＿

12 □ **began** [bigǽn] ビギャン 意味＿＿＿＿ 練習＿＿＿＿

13 □ **carefully** [kéərfəli] ケアフリィ 意味＿＿＿＿ 練習＿＿＿＿

14 □ **with a smile** 意味＿＿＿＿ 練習＿＿＿＿

STEP 3 ●上級

15 □ **thank ～ for ...** 意味＿＿＿＿ 練習＿＿＿＿

▼▲▼▲▼▲▼▲▼▲▼▲▼▲▼▲▼▲▼ 単語・熟語の意味 ▼▲▼▲▼▲▼▲▼▲▼▲▼▲▼▲▼

1 □ 名 店

2 □ 名 話, 物語

3 □ 動 泣く, 叫ぶ

4 □ 動 思い出す

5 □ 名 ほほえみ, 微笑

6 □ 形 うれしい, 喜んで

7 □ 名 人形

8 □ 動 取りかえる

9 □ 熟 居間

10 □ 動 see(見る)の過去形

11 □ 熟 ～に興味がある

12 □ 動 begin(始める)の過去形

13 □ 副 注意深く, 入念に

14 □ 熟 にっこりして

15 □ 熟 ～に…を感謝する

3 | MY OLD DOLL 私の古い人形

解答・考え方は別冊 P.21・22

★★ 次の英文を読んで，あとの設問に答えなさい。 (20点×5)

父親の Tom は娘の Nancy の誕生日のお祝いに骨とう店で人形を買って帰りました。

Nancy was not very pleased when she got the doll for her birthday. "If you don't like it," said Tom, "you can take it back to the store and change it." She thanked him and put it on the piano in the living room.

A few days later, her grandmother came to her house and saw the doll on the piano. She was very interested 　①　 it and began to tell her story. She said, "I had a doll like this when I was a child. It was a present from my mother's friend. I liked it very much. I took it with me when I went out. But one day I left it in a park and couldn't find it. I cried and cried for many days. I sometimes remember it." Then she looked at the doll very carefully and found her name 'Mary' on it. "This is mine! ... I have my old doll again! I hope you will love it, Nancy." "I ②will. It's really a very good present for me," said Nancy with a smile. ③She thanked her father again for giving her the nice doll.

🔊 81

(1) 熟語の知識 　①　 に適切な前置詞を補いなさい。

_____

(2) 省略 下線部❷のあとに省略されている２語を書きなさい。

_____　_____

(3) 熟語などの知識 下線部❸を日本文になおしなさい。

(　　　　　　　　　　　　　　　　　　　　　　　　　　　　　)

(4) 内容の理解 次の質問に英文で答えなさい。

　(a) Did Nancy change the doll at the store?

　_____

　(b) Who gave the doll to Nancy's grandmother?

　_____

○◖ポイント◗○
(1)「～に興味がある」の意味に。
◀◀ 左ページ を見よ
(2)直前の文に注目。
(3) for 以下は
〈(S)VOO〉の文型。
☞ チェック 29
(4)(a)「ナンシーは店で人形を取りかえましたか」
(b)「ナンシーのおばあさんに人形をあげたのはだれですか」

81

Short Stories ① 物語①

単語・熟語の解説は別冊 P.22

意味 意味を書いてみましょう。練習 つづりの練習をして覚えましょう。

STEP1 ●基礎

① □ **moon** [múːn] ムーン　意味＿＿＿＿＿＿　練習＿＿＿＿＿＿＿＿＿＿＿＿＿＿

② □ **on TV**　意味＿＿＿＿＿＿　練習＿＿＿＿＿＿＿＿＿＿＿＿＿＿

③ □ **earth** [ə́ːrθ] アース　意味＿＿＿＿＿＿　練習＿＿＿＿＿＿＿＿＿＿＿＿＿＿

④ □ **~, right?**　意味＿＿＿＿＿＿　練習＿＿＿＿＿＿＿＿＿＿＿＿＿＿

⑤ □ **sun** [sʌ́n] サン　意味＿＿＿＿＿＿　練習＿＿＿＿＿＿＿＿＿＿＿＿＿＿

⑥ □ **be surprised**　意味＿＿＿＿＿＿　練習＿＿＿＿＿＿＿＿＿＿＿＿＿＿

STEP2 ●中級

⑦ □ **astronaut** [ǽstrəɔ̀ːt] アストゥロノート　意味＿＿＿＿＿＿　練習＿＿＿＿＿＿＿＿＿＿＿＿

⑧ □ **surface** [sə́ːrfis] サーフィス　意味＿＿＿＿＿＿　練習＿＿＿＿＿＿＿＿＿＿＿＿

⑨ □ **clever** [klévər] クレヴァ　意味＿＿＿＿＿＿　練習＿＿＿＿＿＿＿＿＿＿＿＿

⑩ □ **be able to ~**　意味＿＿＿＿＿＿　練習＿＿＿＿＿＿＿＿＿＿＿＿

⑪ □ **I hear ~**　意味＿＿＿＿＿＿　練習＿＿＿＿＿＿＿＿＿＿＿＿

⑫ □ **during the day**　意味＿＿＿＿＿＿　練習＿＿＿＿＿＿＿＿＿＿＿＿

⑬ □ **during the night**　意味＿＿＿＿＿＿　練習＿＿＿＿＿＿＿＿＿＿＿＿

STEP3 ●上級

⑭ □ **be about to ~**　意味＿＿＿＿＿＿　練習＿＿＿＿＿＿＿＿＿＿＿＿＿＿

⑮ □ **a long way from ~**　意味＿＿＿＿＿＿　練習＿＿＿＿＿＿＿＿＿＿＿＿＿＿

▽▲▽▲▽▲▽▲▽▲▽▲▽▲▽▲▽▲▽▲▽▲▽▲　単語・熟語の意味　▽▲▽▲▽▲▽▲▽▲▽▲▽▲▽▲▽▲▽▲▽▲▽

① □ 名 (天体の)月　　⑥ □ 熟 驚く　　⑪ □ 熟 ～だそうだ

② □ 熟 テレビで　　⑦ □ 名 宇宙飛行士　　⑫ □ 熟 日中に

③ □ 名 地球　　⑧ □ 名 表面　　⑬ □ 熟 夜間に

④ □ 熟 ～ですよね?　　⑨ □ 形 利口な, 頭のよい　　⑭ □ 熟 今にも～しそうだ

⑤ □ 名 太陽　　⑩ □ 熟 ～することができる　　⑮ □ 熟 ～から遠い

▽▲▽

4 | LET'S GO TO THE SUN! 太陽に行こう！

解答・考え方は別冊 **P.22**

☆☆次の英文を読んで，あとの設問に答えなさい。 (20点×5)

In ①<u>1969</u> an American astronaut was about to stand on the surface of the moon. ②<u>Two men were watching it on TV in a room.</u>

"Americans are very clever, right? They can send people to the moon. It's a very long way from the earth," said one man.

"No, that's nothing!" said the other. "③<u>In a few years they will be able to send some astronauts to the sun. It's a much longer way, you know.</u>"

④<u>The first man was surprised when he heard it.</u> "Yes, but I hear the sun is too hot for people."

"Right, but I have ⑤<u>a good idea</u>. We won't go to the sun during the day, but we'll go there during the night."

"Oh, you are so clever."

83

(1) 数字の読み方　下線部①の読み方英語で書きなさい。

_____

(2) 過去進行形・未来　下線部②・③を日本文になおしなさい。

② (　　　　　　　　　　　　　　　　　　　　　　)

③ (　　　　　　　　　　　　　　　　　　　　　　)

(3) 不 定 詞　下線部④とほぼ同じ内容を表すように，＿＿に1語ずつ入れなさい。

The first man was surprised ＿＿＿＿＿ ＿＿＿＿＿ it.

(4) 内 容 の 理 解　下線部⑤が指す内容を，日本語で説明しなさい。

(　　　　　　　　　　　　　　　　　　　　　　)

◇◆ポイント◆◇

(1)原則として，2けたずつに区切って読む。

(2)②過去進行形の文。
☞チェック**5**
③ be able to ～を未来の文に使ったもの。
☞チェック**16・20**

(3)副詞的用法の不定詞を考える。
☞チェック**22**

(4)「よい考え」の内容を，あとに続く文から考える。

Short Stories ① 物語①

単語・熟語の解説は別冊 P.22

意味 意味を書いてみましょう。 練習 つづりの練習をして覚えましょう。

STEP1 ●基礎

1 □ little [lítl] リトゥル
意味＿＿＿＿＿＿　練習＿＿＿＿＿＿＿＿＿＿＿

2 □ a little ～
意味＿＿＿＿＿＿　練習＿＿＿＿＿＿＿＿＿＿＿

3 □ money [mʌ́ni] マニィ
意味＿＿＿＿＿＿　練習＿＿＿＿＿＿＿＿＿＿＿

4 □ garden [gá:rdn] ガードゥン
意味＿＿＿＿＿＿　練習＿＿＿＿＿＿＿＿＿＿＿

5 □ too [tú:] トゥー
意味＿＿＿＿＿＿　練習＿＿＿＿＿＿＿＿＿＿＿

6 □ the country [kʌ́ntri] カントゥリィ
意味＿＿＿＿＿＿　練習＿＿＿＿＿＿＿＿＿＿＿

7 □ sad [sǽd] サッド
意味＿＿＿＿＿＿　練習＿＿＿＿＿＿＿＿＿＿＿

8 □ invite [inváit] インヴァイト
意味＿＿＿＿＿＿　練習＿＿＿＿＿＿＿＿＿＿＿

9 □ farm [fá:rm] ファーム
意味＿＿＿＿＿＿　練習＿＿＿＿＿＿＿＿＿＿＿

STEP2 ●中級

10 □ field [fí:ld] フィールド
意味＿＿＿＿＿＿　練習＿＿＿＿＿＿＿＿＿＿＿

11 □ job [dʒáb] チャブ
意味＿＿＿＿＿＿　練習＿＿＿＿＿＿＿＿＿＿＿

12 □ think of ～
意味＿＿＿＿＿＿　練習＿＿＿＿＿＿＿＿＿＿＿

13 □ thought [θɔ́:t] ソート
意味＿＿＿＿＿＿　練習＿＿＿＿＿＿＿＿＿＿＿

14 □ maybe [méibi] メイビィ
意味＿＿＿＿＿＿　練習＿＿＿＿＿＿＿＿＿＿＿

STEP3 ●上級

15 □ pony [póuni] ポウニィ
意味＿＿＿＿＿＿　練習＿＿＿＿＿＿＿＿＿＿＿

▼▲▼▲▼▲▼▲▼▲▼▲▼▲▼▲ 単語・熟語の意味 ▼▲▼▲▼▲▼▲▼▲▼▲▼▲▼▲

1 □ 形 小さい，かわいい
2 □ 熟 少しの～，少量の～
3 □ 名 お金
4 □ 名 庭，庭園
5 □ 副 ～すぎる，あまりに～

6 □ 名 (the ～で)いなか
7 □ 形 悲しい
8 □ 動 招く，招待する
9 □ 名 農場
10 □ 名 野原

11 □ 名 仕事
12 □ 熟 ～のことを考える
13 □ 動 think(考える)の過去形
14 □ 副 たぶん
15 □ 名 ポニー(小型種の馬)

5 A PONY ポニー

解答・考え方は別冊 P.22・23

月　　日

点

☆☆次の英文を読んで，あとの設問に答えなさい。　　　　　　　　　　　(20点×5)

Mike was a little boy. He lived with his parents in a town in New Zealand.

Mike liked animals very much. One evening he said to his father, "I have a little money. Can we buy a pony, Dad?"

But his father answered, "No, Mike, we can't have a pony in our garden, because it's too small. Ponies need a field."

❶Two years later, his father got a new job in the country, and his family went to live in a house there. It had a nice garden and a field. Mike began to think of a pony again.

"My birthday is next month," he thought. "Maybe my father will buy a pony ❷ me then." He talked about ponies to his parents again.

Then his birthday came. But no pony came. Mike was sad.

That afternoon Mike was invited to his uncle's farm.

"Hello, Mike," Uncle John said, "Happy birthday. This is a birthday present from your parents." It was a beautiful pony.

🔊 85

(1) 単語などの知識　下線部❶を日本文になおしなさい。

(　　　　　　　　　　　　　　　　　　　)

(2) 〈SVOO〉の書きかえ　❷に適切な前置詞を補いなさい。

(3) 内容の理解　次の質問に日本語で答えなさい。

(a) 町でポニーが飼えない理由は何ですか。

(　　　　　　　　　　　　　　　　　　　)

(b) マイクがポニーのことを再び考え始めたのはなぜですか。

(　　　　　　　　　　　　　　　　　　　)

(c) マイクへの両親からの誕生日プレゼントは何でしたか。

(　　　　　　　　　　　　　　　　　　　)

○◎ポイント◎○

(1) the country の意味に注意。

◀◀左ページを見よ

(2) buy は to か for か。

☞チェック29

(3)(a)英文4～5行目に注目する。

(b)英文6～7行目に注目する。

(c)最後の2文に注目する。

まとめて覚えよう **4**

数を表す接頭辞（せっとうじ）

★単語の頭に数字を表す語（接頭辞）がつくものを集めてみました。

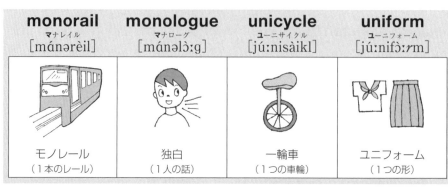

monorail マナレイル [mánərèil]	monologue マナローグ [mánəlɔ̀ːg]	unicycle ユーニサイクル [júːnisàikl]	uniform ユーニフォーム [júːnifɔ̀ːrm]
モノレール （1本のレール）	独白 （1人の話）	一輪車 （1つの車輪）	ユニフォーム （1つの形）

● mono-
● uni-

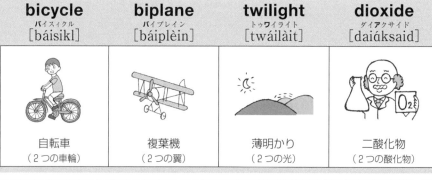

bicycle バイスィクル [báisikl]	biplane バイプレイン [báiplèin]	twilight トゥワイライト [twáilàit]	dioxide ダイアクサイド [daiáksaid]
自転車 （2つの車輪）	複葉機 （2つの翼）	薄明かり （2つの光）	二酸化物 （2つの酸化物）

● bi-
● twi-
● di-

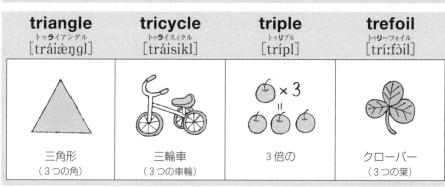

triangle トゥライアングル [tráiæŋgl]	tricycle トゥライスィクル [tráisikl]	triple トゥリプル [trípl]	trefoil トゥリーフォイル [tríːfɔ̀il]
三角形 （3つの角）	三輪車 （3つの車輪）	3倍の	クローバー （3つの葉）

● tri-
● tre-

tetrapod テトゥラパッド [tétrəpàd]	tetrahedron テトゥラヒードゥロン [tètrəhíːdrən]	quadrangle クワドゥラングル [kwádrǽŋgl]	quadruplet クワドゥルプレット [kwádruplit]
テトラポッド （4本の足）	四面体 （4つの面）	四角形 （4つの角）	四つ子

● tetra-
● quadr-

5 penta- quin-

pentagon ペンタガン [péntəgàn]	pentagram ペンタグラム [péntəgræm]	quintet クウィンテット [kwintét]	quintuplet クウィンテュプリット [kwínt(j)uplit]

五角形 （5つの角）	星形五角形 （5に書かれたもの）	五重奏団 （5人で組む）	五つ子

6 sex- hexa-

sextet セクステット [sekstét]	sextant セクスタント [sékstənt]	hexagon ヘクサガン [héksəgàn]	hexagram ヘクサグラム [héksəgræm]
六重奏団 （6人で組む）	六分儀 （6つの部分）	六角形 （6つの角）	六角星形 （6に書かれたもの）

7 sept- hepta-

septet セプテット [septét]	septennial セプテニアル [sapténiəl]	heptagon ヘプタガン [héptəgàn]

七重奏団 （7人で組む）	7年に1回の （7つの年）	七角形 （7つの角）

8 octo- octa-

octopus アクトパス [áktəpəs]	octave アクティヴ [áktiv]	octagon アクタガン [áktəgàn]
たこ （8本の足）	オクターブ （8度音程）	八角形 （8つの角）

87

物語①

月　日

点

解答は別冊 P.23

1 次の英語は日本語に，日本語は英語になおしなさい。　　　　（2点×18）

(1) field （　　　　　）　　(2) money （　　　　　）

(3) show （　　　　　）　　(4) cry （　　　　　）

(5) seat （　　　　　）　　(6) parent （　　　　　）

(7) earth （　　　　　）　　(8) beside （　　　　　）

(9) 押す ＿＿＿＿＿＿　　(10) 庭 ＿＿＿＿＿＿

(11) 悲しい ＿＿＿＿＿＿　　(12) 招く ＿＿＿＿＿＿

(13) 農場 ＿＿＿＿＿＿　　(14) 太陽 ＿＿＿＿＿＿

(15) 女性，女の人 ＿＿＿＿＿＿　　(16) 店 ＿＿＿＿＿＿

(17) 話，物語 ＿＿＿＿＿＿　　(18) ほほえみ ＿＿＿＿＿＿

2 次の AB と CD の関係がほぼ同じになるように，D に適語を入れなさい。　（2点×6）

	A	B	C	D
(1)	come	came	think	＿＿＿＿＿
(2)	no	know	our	＿＿＿＿＿
(3)	begin	began	see	＿＿＿＿＿
(4)	push	pull	forget	＿＿＿＿＿
(5)	box	boxes	man	＿＿＿＿＿
(6)	tall	tallest	good	＿＿＿＿＿

3 次の語群を，日本文に合うように並べかえなさい。　　　　（6点×2）

(1) 野原には少し雪がありました。

(a / the / there / little / field / was / snow / on / .)

＿＿＿＿＿＿＿＿＿＿＿＿＿＿＿＿＿＿＿＿＿＿＿＿＿＿

(2) 私はその知らせを聞いて驚きました。

(news / I / to / surprised / hear / was / the / .)

＿＿＿＿＿＿＿＿＿＿＿＿＿＿＿＿＿＿＿＿＿＿＿＿＿＿

4 次の英文を読んで，あとの設問に答えなさい。 （8点×5）

One day in a forest, a fairy helped a little boy. His name was Lucas. Lucas wanted to do something for the fairy and asked, "Can I do anything for you?" The fairy answered, "I want something." "Well, then, I'll give you my book. Please wait under that big tree. I'll be back soon," said Lucas. Then he went home to get his book. ①But when he got home, his mother was very angry because he was late for dinner. So he forgot ②his promise.

Forty years passed. Lucas worked hard and became rich. One evening when he was driving home, he remembered his promise to the fairy. He quickly went to the forest with one of his books.

Everything was the same in the forest. The big tree was still there but Lucas could not see anything under the tree. Then he ③(hear), "Hello, Lucas! I'm here." The fairy was still there! ④Tears ran down Lucas's face. He said, "I'm so sorry. But it's strange! I can't see you. Can you see me?" The fairy answered, "Yes, of course. Fairies never become old. You can't see me because you are not a child now. Did you bring your book for me?" "Yes, here it is." The fairy ⑤took the book and said, "Thank you. I must go now. Goodbye." Lucas shouted, "Please wait! Please!" But there was no answer. It became quiet again in the forest.

[注] forest：森　　fairy：妖精（ようせい）　　angry：怒った　　promise：約束
　　　pass：過ぎる　　tear：涙（なみだ）　　strange：奇妙な

🔊 89

(1) 下線部①を日本文になおしなさい。

（　　　　　　　　　　　　　　　　　　　　　　　　　　　　　　　）

(2) 下線部②はどんな「約束」か，日本語で説明しなさい。

（　　　　　　　　　　　　　　　　　　　　　　　　　　　　　　　）

(3) ③の（　）内の語を適切な形にかえなさい。

――――――――

(4) 下線部④のようになったわけは何か，日本語で簡単に説明しなさい。

（　　　　　　　　　　　　　　　　　　　　　　　　　　　　　　　）

(5) 下線部⑤の語の原形を書きなさい。

――――――――

Short Stories ② 物語②

単語・熟語の解説は別冊 P.23

意味 意味を書いてみましょう。 練習 つづりの練習をして覚えましょう。

STEP1 ●基礎

1 □ **hair** [héər] 意味＿＿＿＿＿ 練習＿＿＿＿＿＿＿＿＿＿＿

2 □ **enjoy** [indʒói] 意味＿＿＿＿＿ 練習＿＿＿＿＿＿＿＿＿＿＿

3 □ **other** [ʌðər] 意味＿＿＿＿＿ 練習＿＿＿＿＿＿＿＿＿＿＿

4 □ **daughter** [dɔ́ːtər] 意味＿＿＿＿＿ 練習＿＿＿＿＿＿＿＿＿＿＿

STEP2 ●中級

5 □ **clothes** [klóuz] 意味＿＿＿＿＿ 練習＿＿＿＿＿＿＿＿＿＿＿

6 □ **difficult** [dífikəlt] 意味＿＿＿＿＿ 練習＿＿＿＿＿＿＿＿＿＿＿

7 □ **pond** [pánd] 意味＿＿＿＿＿ 練習＿＿＿＿＿＿＿＿＿＿＿

8 □ **tired** [táiərd] 意味＿＿＿＿＿ 練習＿＿＿＿＿＿＿＿＿＿＿

9 □ **sat** [sǽt] 意味＿＿＿＿＿ 練習＿＿＿＿＿＿＿＿＿＿＿

10 □ **bench** [béntʃ] 意味＿＿＿＿＿ 練習＿＿＿＿＿＿＿＿＿＿＿

11 □ **person** [pə́ːrsn] 意味＿＿＿＿＿ 練習＿＿＿＿＿＿＿＿＿＿＿

12 □ **side** [sáid] 意味＿＿＿＿＿ 練習＿＿＿＿＿＿＿＿＿＿＿

13 □ **pants** [pǽnts] 意味＿＿＿＿＿ 練習＿＿＿＿＿＿＿＿＿＿＿

STEP3 ●上級

14 □ **whether ～ or ...** 意味＿＿＿＿＿ 練習＿＿＿＿＿＿＿＿＿＿＿

15 □ **loose** [lúːs] 意味＿＿＿＿＿ 練習＿＿＿＿＿＿＿＿＿＿＿

単語・熟語の意味

1 □ 名 髪の毛，毛
2 □ 動 楽しむ
3 □ 形 もう一方の，他の
4 □ 名 娘
5 □ 名 衣服
6 □ 形 難しい
7 □ 名 池
8 □ 形 疲れた
9 □ 動 sit (すわる) の過去形
10 □ 名 ベンチ，長いす
11 □ 名 人，人間
12 □ 名 側，面
13 □ 名 ズボン
14 □ 熟 ～かそれとも…か
15 □ 形 だぶだぶの，ゆるい

1 | A BOY OR A GIRL? 男か女か？

月　　　日

点

解答・考え方は別冊 **P.23・24**

★★次の英文を読んで，あとの設問に答えなさい。　　　　　　　　（20点×5）

Many boys and girls in America wear the same kinds of clothes and have long hair. So, to tell whether they are boys or girls is sometimes difficult.

One day, an old man went to a park in Washington. He enjoyed ❶(walk) around the pond for some time. When he was tired, he sat down on a bench. A young person was standing on the other side of the pond.

The old man said to the person on the same bench, "❷Do you see that person with loose pants and long hair? Is that a boy or a girl?"

"A girl," said the person. "She is my ❸ ."

"Oh!" said the old man quickly. "I'm sorry. I didn't know that you were her mother."

"❹I'm not," said the person. "I'm her ❺ ."

🔊 91

(1) 動　名　詞　❶の（　）内の語を適切な形にかえなさい。

(2) 単語などの知識　下線部❷を日本文になおしなさい。

（　　　　　　　　　　　　　　　　　　　　　　　）

(3) 単語の知識　❸ に適するｄで始まる１語を書きなさい。

(4) 省　　　略　下線部❹のあとに省略されている２語を書きなさい。

(5) 内容の理解　❺ に適する１語を書きなさい。

◯◯ポイント◯◯

(1)enjoyは不定詞を目的語にとれるか。
☞チェック**25**

(2)with の意味に注意。

(3)「娘」の意味の語。
◀左ページを見よ

(4)直前の老人の言葉に注目する。

(5)この話のオチ。よく読み返してみよう。

Short Stories ② 物語②

単語・熟語の解説は別冊 P.24

意味 意味を書いてみましょう。 練習 つづりの練習をして覚えましょう。

STEP1 ●基礎

①□ **famous** [féiməs] フェイマス 意味＿＿＿＿＿＿ 練習＿＿＿＿＿＿＿＿＿

②□ **important** [impɔ́ːrtənt] インポータント 意味＿＿＿＿＿＿ 練習＿＿＿＿＿＿＿＿＿

STEP2 ●中級

③□ **lots of ～** 意味＿＿＿＿＿＿ 練習＿＿＿＿＿＿＿＿＿

④□ **servant** [sə́ːrvənt] サーヴァント 意味＿＿＿＿＿＿ 練習＿＿＿＿＿＿＿＿＿

⑤□ **wife** [wáif] ワイフ 意味＿＿＿＿＿＿ 練習＿＿＿＿＿＿＿＿＿

⑥□ **dead** [déd] デッド 意味＿＿＿＿＿＿ 練習＿＿＿＿＿＿＿＿＿

⑦□ **die** [dái] ダイ 意味＿＿＿＿＿＿ 練習＿＿＿＿＿＿＿＿＿

⑧□ **kill** [kíl] キル 意味＿＿＿＿＿＿ 練習＿＿＿＿＿＿＿＿＿

⑨□ **kill oneself** 意味＿＿＿＿＿＿ 練習＿＿＿＿＿＿＿＿＿

⑩□ **lawyer** [lɔ́ːjər] ローヤァ 意味＿＿＿＿＿＿ 練習＿＿＿＿＿＿＿＿＿

⑪□ **talk to oneself** 意味＿＿＿＿＿＿ 練習＿＿＿＿＿＿＿＿＿

⑫□ **alone** [əlóun] アロウン 意味＿＿＿＿＿＿ 練習＿＿＿＿＿＿＿＿＿

⑬□ **repeat** [ripíːt] リピート 意味＿＿＿＿＿＿ 練習＿＿＿＿＿＿＿＿＿

STEP3 ●上級

⑭□ **trial** [tráiəl] トゥライアル 意味＿＿＿＿＿＿ 練習＿＿＿＿＿＿＿＿＿

⑮□ **witness** [wítnəs] ウィトゥネス 意味＿＿＿＿＿＿ 練習＿＿＿＿＿＿＿＿＿

▼▲▼▲▼▲▼▲▼▲▼▲▼▲▼▲▼▲ 単語・熟語の意味 ▼▲▼▲▼▲▼▲▼▲▼▲▼▲▼▲▼▲

①□ 形 有名な，名高い ⑥□ 形 死んでいる ⑪□ 熟 ひとり言を言う

②□ 形 重要な，大切な ⑦□ 動 死ぬ ⑫□ 形 ただひとりの

③□ 熟 たくさんの～ ⑧□ 動 殺す ⑬□ 動 くり返して言う

④□ 名 使用人，召し使い ⑨□ 熟 自殺する ⑭□ 名 裁判，審理

⑤□ 名 妻 ⑩□ 名 弁護士，法律家 ⑮□ 名 証人，目撃者

▼▲

2 | THE WITNESS 証人

解答・考え方は別冊 P.24

月	日
	点

☆☆ 次の英文を読んで，あとの設問に答えなさい。　　　　　　　　　（20点×5）

　　Mr. Johnson was a rich old man.　He lived in a beautiful house in the country 　**①**　 lots of servants.　But his wife was dead, and he did not have any children.

　　Then he died suddenly, and people said, "His servants killed him because they wanted his money."

　　But the servants said, "No, he killed himself."

　　The police came and **②**(a / asked / lot / of / questions / servants / the), and after a few weeks, there was a big trial.　There were two famous lawyers and several important witnesses.

　　"Tell me," one of the lawyers said to a witness, "**③**<u>Did Mr. Johnson often talk to himself when he was alone?</u>"

　　"I don't know," the witness answered at once.

　　"You don't know?" the lawyer repeated angrily.

🔊 93

　　"You don't know?　But you were his best friend?　Why not?"

　　"Because I was never with him when he was alone," the witness answered.

---

(1) 〔 前　置　詞 〕　**①**　にあてはまる語を１つ選びなさい。

　　ア　at　　　　　イ　of　　　　　ウ　from　　　　　エ　with

(2) 〔〈SVOO〉の文〕　**②**の（　）内の語を正しく並べかえなさい。

　　_____

(3) 〔 熟 語 の 知 識 〕　下線部**③**を日本文になおしなさい。

　　（　　　　　　　　　　　　　　　　　　　　　　　　　　　　）

(4) 〔 内 容 の 理 解 〕　次の質問に(a)は英文で，(b)は日本語で答えなさい。

　(a)　Was Mr. Johnson's wife alive when he died?

　　_____

　(b)　使用人はジョンソン氏を何のために殺したと疑われたのですか。

　　（　　　　　　　　　　　　　　　　　　　　　　　　　　　　）

○【ポイント】○

(1)「～とともに，～をもって」の意味を表すもの。

(2)目的語が２つある文。 ☞チェック**29**

(3) talk to oneself の意味に注意。

◀左ページを見よ

(4)(a) 2 行目に注目する。

(b) 4 ～ 5 行目に注目する。

93

Short Stories ② 物語②

単語・熟語の解説は別冊 P.24・25

意味 意味を書いてみましょう。 練習 つづりの練習をして覚えましょう。

STEP1 ●基礎

① □ work [wə́ːrk] ワーク 意味＿＿＿＿＿＿ 練習＿＿＿＿＿＿＿＿＿＿

② □ be able to ～ 意味＿＿＿＿＿＿ 練習＿＿＿＿＿＿＿＿＿＿

③ □ quickly [kwíkli] クウィクリィ 意味＿＿＿＿＿＿ 練習＿＿＿＿＿＿＿＿＿＿

④ □ try to ～ 意味＿＿＿＿＿＿ 練習＿＿＿＿＿＿＿＿＿＿

⑤ □ still [stíl] スティル 意味＿＿＿＿＿＿ 練習＿＿＿＿＿＿＿＿＿＿

⑥ □ look for ～ 意味＿＿＿＿＿＿ 練習＿＿＿＿＿＿＿＿＿＿

⑦ □ street [stríːt] ストゥリート 意味＿＿＿＿＿＿ 練習＿＿＿＿＿＿＿＿＿＿

STEP2 ●中級

⑧ □ office [ɔ́ːfis] オーフィス 意味＿＿＿＿＿＿ 練習＿＿＿＿＿＿＿＿＿＿

⑨ □ section [sékʃən] セクション 意味＿＿＿＿＿＿ 練習＿＿＿＿＿＿＿＿＿＿

⑩ □ chief [tʃíːf] チーフ 意味＿＿＿＿＿＿ 練習＿＿＿＿＿＿＿＿＿＿

⑪ □ address [ǽdres] アドゥレス 意味＿＿＿＿＿＿ 練習＿＿＿＿＿＿＿＿＿＿

⑫ □ on one's way to ～ 意味＿＿＿＿＿＿ 練習＿＿＿＿＿＿＿＿＿＿

⑬ □ get to ～ 意味＿＿＿＿＿＿ 練習＿＿＿＿＿＿＿＿＿＿

⑭ □ straight [stréit] ストゥレイト 意味＿＿＿＿＿＿ 練習＿＿＿＿＿＿＿＿＿＿

STEP3 ●上級

⑮ □ on one's right[left] 意味＿＿＿＿＿＿ 練習＿＿＿＿＿＿＿＿＿＿

▼▲▼▲▼▲▼▲▼▲▼▲▼▲▼▲▼▲ 単語・熟語の意味 ▼▲▼▲▼▲▼▲▼▲▼▲▼▲▼▲

① □ 動 働く
② □ 熟 ～することができる
③ □ 副 すぐに
④ □ 熟 ～しようとする
⑤ □ 副 まだ, なお

⑥ □ 熟 ～を探す
⑦ □ 名 通り, 街路
⑧ □ 名 事務所, 会社
⑨ □ 名 (会社の)課, 部
⑩ □ 名 長, チーフ

⑪ □ 名 住所, あて先
⑫ □ 熟 ～へ行く途中で〔に〕
⑬ □ 熟 ～に到着する
⑭ □ 副 まっすぐに
⑮ □ 熟 ～の右〔左〕側に

▼▲

3 ARE YOU STILL …? あなたはまだ…?

解答・考え方は別冊 P.25

☆☆次の英文を読んで，あとの設問に答えなさい。　　　　　　　　　(20点×5)

Jack worked in an office in a small town. One day, his section chief said to him, "Jack, go to New York and see Mr. Brown. Here's the address of his office."

Jack went to New York ❶ train. On his way to New York, he thought, "The office isn't far from the station. ❷I'll be able to find it quickly."

❸He got to New York and tried to find the office, but after an hour he was still looking for it. Then he saw an old woman and decided to ask her the way. She said, "Go straight along this street, turn left at the second corner, and you will find the office on your right." Jack walked along for a few minutes and found it.

A few days later he went to the same city. But again ❹he wasn't able to find the office, so he asked someone the way. It was the same old woman! ❺She was very surprised and said, "Are you still looking for that place?"

🔊 95

(1) [前　置　詞] ❶ に適切な前置詞を補いなさい。

＿＿＿＿＿＿

(2) [内 容 の 理 解] 下線部❷のように考えた理由を日本語で書きなさい。

(　　　　　　　　　　　　　　　　　　　　　　　　　)

(3) [熟 語 の 知 識] 下線部❸を日本文になおしなさい。

(　　　　　　　　　　　　　　　　　　　　　　　　　)

(4) [助　動　詞] 下線部❹と同じ内容になるように空所を補いなさい。

he ＿＿＿＿＿＿＿＿ not find the office

(5) [内 容 の 理 解] 下線部❺のように老婦人が驚いたのは，どのようなかんちがいをしたからですか。日本語で説明しなさい。

(　　　　　　　　　　　　　　　　　　　　　　　　　)

◇◁ポイント▷◇

(1)交通手段を表すもの。☞チェック**39**

(2)直前の文に注目する。

(3)get to 〜，look for 〜に注意する。

◀◀左ページを見よ

(4)「できた」の意味を表す助動詞の過去形。☞チェック**19**

(5)このあとに続く文から考えてみよう。

Short Stories ② 物語②

単語・熟語の解説は別冊 P.25

意味 意味を書いてみましょう。 練習 つづりの練習をして覚えましょう。

STEP1 ●基礎

1 □ **forget** [fərgét] フォ**ゲ**ット 意味＿＿＿＿＿ 練習＿＿＿＿＿＿＿＿＿＿＿＿

2 □ **slowly** [slóuli] ス**ロ**ウリィ 意味＿＿＿＿＿ 練習＿＿＿＿＿＿＿＿＿＿＿＿

3 □ **paper** [péipər] **ペ**イパァ 意味＿＿＿＿＿ 練習＿＿＿＿＿＿＿＿＿＿＿＿

4 □ **back** [bæk] **バ**ック 意味＿＿＿＿＿ 練習＿＿＿＿＿＿＿＿＿＿＿＿

STEP2 ●中級

5 □ **mail** [méil] **メ**イル 意味＿＿＿＿＿ 練習＿＿＿＿＿＿＿＿＿＿＿＿

6 □ **pocket** [pákit] **パ**ケット 意味＿＿＿＿＿ 練習＿＿＿＿＿＿＿＿＿＿＿＿

7 □ **behind** [biháind] ビ**ハ**インド 意味＿＿＿＿＿ 練習＿＿＿＿＿＿＿＿＿＿＿＿

8 □ **turn** [tə́ːrn] **タ**ーン 意味＿＿＿＿＿ 練習＿＿＿＿＿＿＿＿＿＿＿＿

9 □ **smile at ～** 意味＿＿＿＿＿ 練習＿＿＿＿＿＿＿＿＿＿＿＿

10 □ **at last** 意味＿＿＿＿＿ 練習＿＿＿＿＿＿＿＿＿＿＿＿

11 □ **speak to ～** 意味＿＿＿＿＿ 練習＿＿＿＿＿＿＿＿＿＿＿＿

STEP3 ●上級

12 □ **walk by** 意味＿＿＿＿＿ 練習＿＿＿＿＿＿＿＿＿＿＿＿

13 □ **look back** 意味＿＿＿＿＿ 練習＿＿＿＿＿＿＿＿＿＿＿＿

14 □ **mailbox** [méilbàks] メイル**バ**ックス 意味＿＿＿＿＿ 練習＿＿＿＿＿＿＿＿＿＿＿＿

15 □ **cross** [krɔ́ːs] ク**ロ**ース 意味＿＿＿＿＿ 練習＿＿＿＿＿＿＿＿＿＿＿＿

▼▲▼▲▼▲▼▲▼▲▼▲▼▲▼▲▼▲▼▲▼▲ 単語・熟語の意味 ▼▲▼▲▼▲▼▲▼▲▼▲▼▲▼▲▼▲▼▲▼▲

1 □ 動 忘れる　　　　　6 □ 名 ポケット　　　　11 □ 熟 ～に話しかける

2 □ 副 ゆっくりと　　　7 □ 前 ～のうしろに　　12 □ 熟 (そばを)通りすぎる

3 □ 名 紙　　　　　　　8 □ 動 振り向く　　　　13 □ 熟 振り返る

4 □ 名 背中, 背　　　　9 □ 熟 ～にほほえむ　　14 □ 名 郵便ポスト

5 □ 動 投かんする　　　10 □ 熟 ついに, やっと　15 □ 形 不機嫌な

4 DON'T FORGET TO 〜 忘れずに〜

解答・考え方は別冊 P.25・26

☆☆次の英文を読んで，あとの設問に答えなさい。 (20点×5)

Mr. Jones was going to work.　His wife gave him a letter.　She often gave him letters to mail.　"Please mail this on the way to the bus stop," she said.　"I won't forget," he answered.　"I know I always forget.　But I will not forget to mail this ①one."　Mrs. Jones smiled.　"I don't think you ②will," she said.　Mr. Jones put the letter in his pocket and left home.

Mr. Jones walked slowly down the street.　Soon a man came up behind him.　When he walked by, the man looked back and smiled.　"Don't forget to mail the letter!" he said.　Then a girl walked by. She turned and smiled, too. "Now remember the letter!" she said.　Mr. Jones thought, "Why are they smiling at me?　And how do they know I have a letter to mail?"

At last he came to a mailbox.　He put the letter in it and began to walk. But again a woman spoke to him.　"Did you mail your letter?" she asked.　"Yes, I did.　I just mailed it," said Mr. Jones.　But, this time, ③he became very cross.　"Then I can take this from your back," said the woman.　She took a large piece of paper from Mr. Jones' back and showed it to him.　④It said, "Say to him 'Don't forget to mail the letter.'"　⑤Mrs. Jones' letter didn't stay in his pocket!

🔊 97

(1) 代　名　詞　下線部①・④が指すものを日本語で説明しなさい。

① (　　　　　　　　　　　　　　　　　　　　　　　　　　)

④ (　　　　　　　　　　　　　　　　　　　　　　　　　　)

(2) 内 容 の 理 解　下線部②のあとに省略されている語句を補いなさい。

... you will ＿＿＿＿＿＿ ＿＿＿＿＿＿ ＿＿＿＿＿＿ the letter

(3) 内 容 の 理 解　下線部③の不機嫌な理由を日本語で書きなさい。

(　　　　　　　　　　　　　　　　　　　　　　　　　　)

(4) 内 容 の 理 解　下線部⑤の具体的な内容を日本語で書きなさい。

(　　　　　　　　　　　　　　　　　　　　　　　　　　)

◇◆ポイント◆◇

(1)①英文１行目に注目。

④直前の文に注目。

(2)直前のジョーンズ氏の発言に注目。

(3)この直前にどんなことがあったかを考える。

(4)「ポケットに手紙はとどまらなかった」とはどういうことか？

97

Short Stories ② 物語②

単語・熟語の解説は別冊 P.26

|意味|意味を書いてみましょう。|練習|つづりの練習をして覚えましょう。

STEP1 ●基礎

1 □ **fly** [flái] ^{フライ}　|意味|＿＿＿＿　|練習|＿＿＿＿＿＿＿＿＿

2 □ **work** [wə́:rk] ^{ワーク}　|意味|＿＿＿＿　|練習|＿＿＿＿＿＿＿＿＿

3 □ **stay** [stéi] ^{ステイ}　|意味|＿＿＿＿　|練習|＿＿＿＿＿＿＿＿＿

4 □ **go for a walk**　|意味|＿＿＿＿　|練習|＿＿＿＿＿＿＿＿＿

5 □ **dinner** [dínər] ^{ディナァ}　|意味|＿＿＿＿　|練習|＿＿＿＿＿＿＿＿＿

6 □ **remember** [rimémbər] ^{リメンバァ}　|意味|＿＿＿＿　|練習|＿＿＿＿＿＿＿＿＿

STEP2 ●中級

7 □ **not ～ yet**　|意味|＿＿＿＿　|練習|＿＿＿＿＿＿＿＿＿

8 □ **hotel** [houtél] ^{ホウテル}　|意味|＿＿＿＿　|練習|＿＿＿＿＿＿＿＿＿

9 □ **as soon as ～**　|意味|＿＿＿＿　|練習|＿＿＿＿＿＿＿＿＿

10 □ **driver** [dráivər] ^{ドゥライヴァ}　|意味|＿＿＿＿　|練習|＿＿＿＿＿＿＿＿＿

11 □ **taxi** [tǽksi] ^{タクスィ}　|意味|＿＿＿＿　|練習|＿＿＿＿＿＿＿＿＿

12 □ **e-mail** [í:mèil] ^{イーメイル}　|意味|＿＿＿＿　|練習|＿＿＿＿＿＿＿＿＿

13 □ **flew** [flúi:] ^{フルー}　|意味|＿＿＿＿　|練習|＿＿＿＿＿＿＿＿＿

14 □ **thing** [θíŋ] ^{シング}　|意味|＿＿＿＿　|練習|＿＿＿＿＿＿＿＿＿

STEP3 ●上級

15 □ **cellphone** [sélfòun] ^{セルフォウン}　|意味|＿＿＿＿　|練習|＿＿＿＿＿＿＿＿＿

▼▲▼▲▼▲▼▲▼▲▼▲▼▲▼▲▼▲▼▲ 単語・熟語の意味 ▼▲▼▲▼▲▼▲▼▲▼▲▼▲▼▲▼▲

1 □動 飛ぶ, 飛行機で行く　　6 □動 思い出す　　　11 □名 タクシー

2 □名動 仕事(する)　　　　7 □熟 まだ～ない　　　12 □名 電子メール, E メール

3 □動 滞在する　　　　　　8 □名 ホテル　　　　　13 □動 fly(飛ぶ)の過去形

4 □熟 散歩に出かける　　　9 □熟 ～するとすぐに　14 □名 (複数形で)所持品

5 □名 夕食, ディナー　　　10 □名 運転手　　　　　15 □名 携帯電話

▼▲

WHERE'S MY HOTEL? 私のホテルはどこ?

解答・考え方は別冊 P.26

☆☆次の英文を読んで，あとの設問に答えなさい。 (20点×5)

Jack lives and works in London. One day he ①said to his wife, "I'm going to fly to New York next week. I have some work to do there."

"Where are you going to stay?" his wife asked.

"I don't ②know yet," Jack answered.

"Please call and ③tell me the name of your hotel as soon as you ④get there," his wife said.

"All right," Jack answered.

① In the evening he did not have any work, so he went for a walk in the park. At nine o'clock, he thought, "Now I'm going to go back to my hotel and have a nice dinner."

② Because the driver of the taxi did not know, Jack had to call his wife in London. He said, "I can't find my hotel. Please send the name of my hotel to my cellphone by e-mail."

③ He flew to New York on January 31st and found a nice hotel near a big park. He put his things in his room and then called his wife to tell her the name and phone number of the hotel.

④ He found a taxi. The driver asked, "Where do you want to go?"   But Jack did not remember the name of his hotel. "I can't remember the name of my hotel," he said.

 99

(1) **動　詞　の　形** ❶～❹の動詞を指示された形にかえなさい。

❶ （原形） ＿＿＿＿＿＿＿ ❷ （過去形） ＿＿＿＿＿＿＿

❸ （過去形） ＿＿＿＿＿＿＿ ❹ （過去形） ＿＿＿＿＿＿＿

(2) **内　容　の　理　解** 話の筋が通るように，①～④の順番を正しく並べかえなさい。

〔　　〕→〔　　〕→〔　　〕→〔　　〕

○○**ポイント**○○

(1)いずれの動詞も不規則動詞である。
(2)接続詞や時を表す表現などに注意して読んでみよう。

まとめて覚えよう 5

🔊 100

まちがえやすい単語

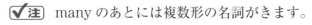

many・much

many は数えられる名詞の前に使い，much は数えられない名詞の前に使います。どちらも「たくさんの」の意味です。

✤ There are **many** churches in our town.

（私たちの町にはたくさんの教会があります。）

✤ There isn't **much** milk in the bottle.

（びんの中にはあまりミルクがありません。）

✓注 many のあとには複数形の名詞がきます。

can・be able to

can には現在形と過去形しかないので，未来形や他の助動詞のあとに続けるときは **be able to** を使います。

✤ My brother **can** sing very well.

（私の弟はとても上手に歌うことができます。）

✤ The baby will **be able to** walk soon.

（その赤ちゃんはすぐに歩けるようになるでしょう。）

✓注 will can のように，助動詞を 2 つ続けることはできません。

close[klóuz]・[klóus]

[klóuz]と発音すると動詞で「閉める，閉まる」，[klóus]と発音すると形容詞で「近い，親密な」の意味になります。

✤ **Close** your eyes, please.

（目を閉じてください。）

✤ My house is very **close** to the station.

（私の家は駅のすぐ近くにあります。）

✓注 [klóus]には副詞で「近くに」，[klóuz]には名詞で「終わり」の意味もあります。

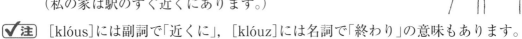

leg・foot

一般的には足首から上の部分を **leg**，足首から先の部分を **foot** と言います。広い意味では，**leg** は **foot** を含むこともあります。

✤ He sat down in the chair and crossed his **legs**.

（彼はいすに腰をおろしてあしを組みました。）

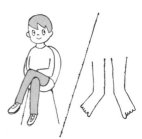

✤ Each **foot** has five toes.

（おのおのの足は 5 本の指があります。）

✓注 foot の複数形は feet [fíːt]になります。

until［till］・by

until［till］は「～まで（ずっと）」と動作や状態が続いていることを表し，by は「～までに（は）」という期限を表します。

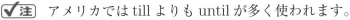

❀ Please wait for me **until** three o'clock.

（3時まで私を待ってください。）

❀ You must return the book **by** Friday.

（きみはその本を金曜日までに返さなければなりません。）

✓注 アメリカでは till よりも until が多く使われます。

ago・before

ago は「今から～前」という意味を表し，過去の文に使います。
before は「以前に」の意味で，過去形や現在完了形に使います。

❀ I met him three days **ago**.

（私は彼に3日前に会いました。）

❀ I saw him **before**, but I can't remember his name.

（彼には以前会ったことがあるが，名前を思い出せません。）

✓注 ago の前には必ず時の長さを表す語句がつきます。

put on・wear

put on は「着る」という動作を表し，wear は「着ている，身につけている」という状態を表します。

❀ **Put on** your coat when you go out.

（出かけるときは上着を着なさい。）

❀ I **wear** jeans at home.

（私は家ではジーパンをはいています。）

✓注 put on, wear は衣服だけでなく，くつやぼうし・手袋などにも使います。

take・bring

「（こちらから）持って行く，連れて行く」のには **take**，「（あちらから）持ってくる，連れてくる」のは **bring** になります。

❀ Shall I **take** your suitcase to the car?

（車のところまでスーツケースを運びましょうか。）

❀ Don't forget to **bring** your dictionary with you tomorrow.

（明日は辞書を忘れずに持ってきなさい。）

✓注 take, bring の過去形はそれぞれ took, brought になります。

物語②

解答は別冊 P.26・27

1　次の英語は日本語に，日本語は英語になおしなさい。　　　　（2点×18）

(1) hotel （　　　　　　）　　(2) straight （　　　　　　）

(3) address （　　　　　　）　　(4) quickly （　　　　　　）

(5) important （　　　　　　）　　(6) kill （　　　　　　）

(7) difficult （　　　　　　）　　(8) pond （　　　　　　）

(9) 滞在する ＿＿＿＿＿＿　　(10) ポケット ＿＿＿＿＿＿

(11) 夕食 ＿＿＿＿＿＿　　(12) 通り ＿＿＿＿＿＿

(13) 有名な ＿＿＿＿＿＿　　(14) 楽しむ ＿＿＿＿＿＿

(15) 髪の毛 ＿＿＿＿＿＿　　(16) ほかの ＿＿＿＿＿＿

(17) 紙 ＿＿＿＿＿＿　　(18) 働く ＿＿＿＿＿＿

2　次の **AB** と **CD** の関係がほぼ同じになるように，**D** に適語を入れなさい。　（2点×6）

	A	B	C	D
(1)	box	boxes	wife	＿＿＿＿＿
(2)	children	child	feet	＿＿＿＿＿
(3)	go	went	fly	＿＿＿＿＿
(4)	use	useful	die	＿＿＿＿＿
(5)	I	myself	he	＿＿＿＿＿
(6)	brother	sister	son	＿＿＿＿＿

3　次の語群を，日本文に合うように並べかえなさい。　　　　（6点×2）

(1) 彼は来年は上手に泳ぐことができるでしょう。

(be / year / he / next / able / will / to / swim / well / .)

＿＿＿＿＿＿＿＿＿＿＿＿＿＿＿＿＿＿＿＿＿＿＿＿＿＿

(2) あなたは学校へ行く途中で彼に会ったのですか。

(him / to / school / you / your / see / did / way / on / ?)

＿＿＿＿＿＿＿＿＿＿＿＿＿＿＿＿＿＿＿＿＿＿＿＿＿＿

4 次の英文を読んで，あとの設問に答えなさい。 (10点×4)

Once upon a time there were two boys in Rome.

One day their mother said to them, "A lady will come to our home today. We are going to have dinner together."

The lady came in the afternoon. She was wearing some beautiful jewels. The boys were watching their mother's friend. The younger boy said to his brother, "Oh, that lady is so beautiful!"

"I think our mother is ❶ beautiful than that lady," said the older boy.

The mother came to her sons and said, "Boys, you must have dinner with us."

"Yes, we will," said the older boy.

"She looks very ❷ ," said the younger boy.

"Yes. She has a lot of jewels in her jewel box, too," said the mother.

Soon they all began to eat dinner together. When the dinner was over, the younger boy said, "Please show us your jewels."

The lady opened the box and showed the boys some jewels. She said to the mother, "Here is a valuable jewel. I'll give you this."

Suddenly the mother ❸(stand) up and said, "No, thank you. I'm poor, but I have valuable jewels. My boys are my jewels! ❹<u>They are more valuable to me than all the jewels in the world.</u>"

[注] once upon a time：昔々　Rome：ローマ　lady：貴婦人　together：いっしょに
jewel：宝石　be over：終わる　valuable：貴重な

🔊 103

(1) ❶ に適切な語を補いなさい。

＿＿＿＿＿＿

(2) ❷ にあてはまる語を次から1つ選びなさい。

ア cold　　　イ sick　　　ウ rich　　　エ poor

(3) ❸の（ ）内の語を適切な形にかえなさい。

＿＿＿＿＿＿

(4) 下線部❹を They が何を指すかわかるように日本文になおしなさい。

（　　　　　　　　　　　　　　　　　　　　　　　　　　　　　　　）

School Life 学校生活

単語・熟語の解説は別冊 P.27

意味 意味を書いてみましょう。 練習 つづりの練習をして覚えましょう。

STEP1 ●基礎

① □ **ninth** [náinθ] ナインス   意味＿＿＿＿＿   練習＿＿＿＿＿＿＿＿＿＿

② □ **start** [stáːrt] スタート   意味＿＿＿＿＿   練習＿＿＿＿＿＿＿＿＿＿

③ □ **late** [léit] レイト   意味＿＿＿＿＿   練習＿＿＿＿＿＿＿＿＿＿

④ □ **interesting** [íntrəstiŋ] インタレスティング   意味＿＿＿＿＿   練習＿＿＿＿＿＿＿＿

⑤ □ **vacation** [veikéiʃən] ヴェイケイション   意味＿＿＿＿＿   練習＿＿＿＿＿＿＿＿

⑥ □ **of course**   意味＿＿＿＿＿   練習＿＿＿＿＿＿＿＿＿＿

⑦ □ **country** [kʌ́ntri] カントゥリィ   意味＿＿＿＿＿   練習＿＿＿＿＿＿＿＿＿＿

⑧ □ **swim** [swím] スウィム   意味＿＿＿＿＿   練習＿＿＿＿＿＿＿＿＿＿

⑨ □ **sea** [síː] スィー   意味＿＿＿＿＿   練習＿＿＿＿＿＿＿＿＿＿

⑩ □ **snow** [snóu] スノウ   意味＿＿＿＿＿   練習＿＿＿＿＿＿＿＿＿＿

STEP2 ●中級

⑪ □ **grade** [gréid] グレイド   意味＿＿＿＿＿   練習＿＿＿＿＿＿＿＿＿＿

⑫ □ **next month**   意味＿＿＿＿＿   練習＿＿＿＿＿＿＿＿＿＿

⑬ □ **I see.**   意味＿＿＿＿＿   練習＿＿＿＿＿＿＿＿＿＿

⑭ □ **That's right.**   意味＿＿＿＿＿   練習＿＿＿＿＿＿＿＿＿＿

STEP3 ●上級

⑮ □ **You mean ～?**   意味＿＿＿＿＿   練習＿＿＿＿＿＿＿＿＿＿

▽▲▽▲▽▲▽▲▽▲▽▲▽▲▽▲▽▲▽（ 単語・熟語の意味 ）▽▲▽▲▽▲▽▲▽▲▽▲▽▲▽▲

① □形 9番目の
② □動 始める，始まる
③ □形 遅い，下旬の
④ □形 おもしろい
⑤ □名 休暇，休み

⑥ □熟 もちろん
⑦ □名 国
⑧ □動 泳ぐ
⑨ □名 海，大洋
⑩ □動 雪が降る

⑪ □名 学年
⑫ □熟 来月
⑬ □熟 わかりました。
⑭ □熟 その通り。
⑮ □熟 ～ということですか。

▽▲

SUMMER IN DECEMBER 12月の夏

月　　日

点

解答・考え方は別冊 **P.27**

☆☆次の英文を読んで，あとの設問に答えなさい。 (20点×5)

Ken : My brother is in the ninth grade. He will start high school next month.

Mike : You mean in April?

Ken : Yes. In Japan, school starts in April.

Mike : I see. In my country, it usually starts in late January.

Ken : Oh, really? That's interesting. Mike, ❶(start / summer / when / vacation / does) in Australia?

Mike : In December, of course.

Ken : Wow, summer vacation in December!

Mike : Yes. Summer comes in December in my country.

Ken : ❷Then you can enjoy swimming in the sea when it's snowing in Japan.

Mike : That's right.

🔊 105

---

(1) 〔疑問詞の疑問文〕　❶の(　)内の語を正しく並べかえなさい。

_____

(2) 〔単語の知識〕　下線部❷を次のように言いかえたとき，空所に適する1語を書きなさい。

It's very _____ in Mike's country when it's very cold in Ken's country.

(3) 〔内容の理解〕　上の内容と合うように空所に適語を入れなさい。

Ken says his brother will be a high school ①_____ in April. In Australia, school usually starts in late January. Then Ken and Mike talk about summer vacation. Ken is ②_____ because summer vacation in Australia starts in December. When the ③_____ in Japan is winter, it is summer in Australia.

◇◇◇ポイント◇◇◇

(1) start が一般動詞になる。

(2) enjoy swimming, snowing から連想することを考えてみよう。

(3)①「高校生」をどう言うかを考える。

②「驚く」という表現にする。

③「日本の季節が冬のとき」と考える。

105

School Life 学校生活

単語・熟語の解説は別冊 P.27

意味 意味を書いてみましょう。 練習 つづりの練習をして覚えましょう。

STEP1 ●基礎

1 □ **each** [íːtʃ] ^{イーチ}　意味＿＿＿＿＿　練習＿＿＿＿＿＿＿＿＿＿＿

2 □ **useful** [júːsfəl] ^{ユースフル}　意味＿＿＿＿＿　練習＿＿＿＿＿＿＿＿＿＿＿

3 □ **lives** [láivz] ^{ライヴズ}　意味＿＿＿＿＿　練習＿＿＿＿＿＿＿＿＿＿＿

4 □ **shoe(s)** [ʃúː(z)] ^{シュー(ズ)}　意味＿＿＿＿＿　練習＿＿＿＿＿＿＿＿＿＿＿

5 □ **safe** [séif] ^{セイフ}　意味＿＿＿＿＿　練習＿＿＿＿＿＿＿＿＿＿＿

STEP2 ●中級

6 □ **Internet** [íntərnèt] ^{インタネット}　意味＿＿＿＿＿　練習＿＿＿＿＿＿＿＿＿

7 □ **number** [nʌ́mbər] ^{ナンバァ}　意味＿＿＿＿＿　練習＿＿＿＿＿＿＿＿＿

8 □ **part** [páːrt] ^{パート}　意味＿＿＿＿＿　練習＿＿＿＿＿＿＿＿＿

9 □ **information** [infərméiʃən] ^{インファメイション}　意味＿＿＿＿＿　練習＿＿＿＿＿＿＿

10 □ **problem** [prábləm] ^{プラブレム}　意味＿＿＿＿＿　練習＿＿＿＿＿＿＿＿＿

11 □ **health** [hélθ] ^{ヘルス}　意味＿＿＿＿＿　練習＿＿＿＿＿＿＿＿＿

12 □ **wisely** [wáizli] ^{ワイズリィ}　意味＿＿＿＿＿　練習＿＿＿＿＿＿＿＿＿

STEP3 ●上級

13 □ **graph** [grǽf] ^{グラフ}　意味＿＿＿＿＿　練習＿＿＿＿＿＿＿＿＿

14 □ **category** [kǽtəgɔ̀ːri] ^{キャタゴーリィ}　意味＿＿＿＿＿　練習＿＿＿＿＿＿＿

15 □ **invention** [invénʃən] ^{インヴェンション}　意味＿＿＿＿＿　練習＿＿＿＿＿＿＿

▽▲▽▲▽▲▽▲▽▲▽▲▽▲▽▲▽▲▽▲　単語・熟語の意味　▲▽▲▽▲▽▲▽▲▽▲▽▲▽▲▽▲▽

1 □ 形 それぞれの　　　　6 □ 名 インターネット　　11 □ 名 健康

2 □ 形 役に立つ，便利な　7 □ 名 数，数字　　　　　12 □ 副 賢く

3 □ 名 life(命・生活)の複数形　8 □ 名 部分，一部，役割　13 □ 名 グラフ，図表

4 □ 名 くつ　　　　　　9 □ 名 情報，知識　　　　14 □ 名 項目，分類

5 □ 形 安全な　　　　　10 □ 名 問題，課題　　　　15 □ 名 発明(品)

▽▲▽

解答・考え方は別冊 P.27・28

☆☆次の英文は，中学生のひろし君がクラスの友だちに「インターネットを1週間に何時間使うか」を調査して，英語の授業で発表したものです。グラフ（graph）と英文をもとに，あとの設問に答えなさい。

(20点×5)

Last week, I asked all of the students in our class, "How many hours do you use the Internet in a week?" The graph shows the hours and the number of students in each category. There are forty students in our class. From this graph we can see that ❶ of the students in our class use the Internet for two hours or more in a week.

The Internet is very useful and is now an important part of our lives. We can find a lot of information about sports or food. We can also buy books and shoes.

But there are some ❷ with the Internet. First, some people use the Internet for many hours. It is not good for their health. Second, the Internet sometimes has bad or wrong information.

The Internet is a wonderful invention, but it is not a safe thing if we use it in the wrong way. We should use it wisely. 🔊 107

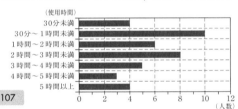

(1) 内容の理解 ❶ にあてはまるものを1つ選びなさい。

　　ア　10%　　　イ　20%　　　ウ　50%　　　エ　65%

(2) 内容の理解 ひろし君はインターネットが私たちの生活にどのように役立つか2つ述べています。それを日本語で書きなさい。

　　(　　　　　　　　　　　　　　　　　　　　　　　　)

　　(　　　　　　　　　　　　　　　　　　　　　　　　)

(3) 内容の理解 ❷ にあてはまる語を1つ選びなさい。

　　ア　information　　　イ　problems　　　ウ　mails

(4) 内容の理解 本文の内容と合うように空所に1語補いなさい。

　　Sometimes the ＿＿＿＿＿＿ on the Internet is not true.

◇◇ポイント◇◇

(1)2時間以上使っている人は何人になるかをまず考える。

(2)第2段落第2文と第3文を見てみよう。

(3)前後関係から「問題」があると考える。問題内容がこのあとに示されている。

(4)Second, で始まる文に注目する。

セクション 8 School Life 学校生活

単語・熟語の解説は別冊 P.28

|意味| 意味を書いてみましょう。 |練習| つづりの練習をして覚えましょう。

STEP1 ●基礎

1 □ chance [tʃǽns] チャンス |意味|＿＿＿＿＿ |練習|＿＿＿＿＿＿＿＿＿＿

2 □ enough [ináf] イナフ |意味|＿＿＿＿＿ |練習|＿＿＿＿＿＿＿＿＿＿

3 □ safe [séif] セイフ |意味|＿＿＿＿＿ |練習|＿＿＿＿＿＿＿＿＿＿

4 □ word [wə́ːrd] ワード |意味|＿＿＿＿＿ |練習|＿＿＿＿＿＿＿＿＿＿

5 □ agree [əgríː] アグリー |意味|＿＿＿＿＿ |練習|＿＿＿＿＿＿＿＿＿＿

6 □ more [mɔ́ːr] モーア |意味|＿＿＿＿＿ |練習|＿＿＿＿＿＿＿＿＿＿

7 □ world [wə́ːrld] ワールド |意味|＿＿＿＿＿ |練習|＿＿＿＿＿＿＿＿＿＿

STEP2 ●中級

8 □ education [èdʒəkéiʃən] エデュケイション |意味|＿＿＿＿＿ |練習|＿＿＿＿＿＿＿＿＿＿

9 □ be surprised |意味|＿＿＿＿＿ |練習|＿＿＿＿＿＿＿＿＿＿

10 □ touch [tʌ́tʃ] タッチ |意味|＿＿＿＿＿ |練習|＿＿＿＿＿＿＿＿＿＿

11 □ shock [ʃɑ́k] シャック |意味|＿＿＿＿＿ |練習|＿＿＿＿＿＿＿＿＿＿

12 □ ask ... to 〜 |意味|＿＿＿＿＿ |練習|＿＿＿＿＿＿＿＿＿＿

13 □ change [tʃéindʒ] チェインヂ |意味|＿＿＿＿＿ |練習|＿＿＿＿＿＿＿＿＿＿

STEP3 ●上級

14 □ developing country |意味|＿＿＿＿＿ |練習|＿＿＿＿＿＿＿＿＿＿

15 □ principal [prínsəpl] プリンスィプル |意味|＿＿＿＿＿ |練習|＿＿＿＿＿＿＿＿＿＿

▼▲▼▲▼▲▼▲▼▲▼▲▼▲▼▲▼▲▼▲ 単語・熟語の意味 ▼▲▼▲▼▲▼▲▼▲▼▲▼▲▼▲▼▲

1 □ 名 機会, チャンス **6** □ 代 もっと多くのこと **11** □ 動 ショックを与える

2 □ 形 十分な **7** □ 名 世界 **12** □ 熟 …に〜するように頼む

3 □ 名 金庫 **8** □ 名 教育 **13** □ 動 変える

4 □ 名 言葉, 単語 **9** □ 熟 驚く **14** □ 熟 発展途上国

5 □ 動 同意する, 賛成する **10** □ 動 ふれる, さわる **15** □ 名 校長

▼▲

解答・考え方は別冊 P.28

月　　日

点

☆☆次の英文を読んで，あとの設問に答えなさい。 (20点×5)

An American man went to a developing country to enjoy his vacation. One day, he had a chance to visit a school in the mountains. The principal said, "70% of the people in this country can't read or write. Children want to study and their parents know education is important. But there are not enough desks, chairs or books here." When the man saw the library, he was surprised because there were no books there. Then the principal took some books from a safe. "These are all the books here. But the students can't touch them because they are very important to the school." His words shocked the man. The principal said that any books could help the children and asked him to send some. The man agreed.

The man sent e-mails to his friends in America and asked them to send books. A few months later he came back with many books. He was happy to see that the students were enjoying the books. So he wanted to do more to help schools in developing countries. He says that education for children can change the world.

◀)) 109

◎ 内容の理解　本文の内容と合っているものには○，合っていないものには×を書きなさい。

　　ア〔　　〕　そのアメリカ人男性が訪れた国の 70% の人々は，読み書きができなかった。

　　イ〔　　〕　その国の親たちは教育の大切さをまったく理解していなかった。

　　ウ〔　　〕　そのアメリカ人が訪れた学校では，本は金庫にあるのがすべてだった。

　　エ〔　　〕　電子メールを受け取った友人たちの協力で，そのアメリカ人男性はたくさんの机やいすを集めることができた。

　　オ〔　　〕　子どもたちへの教育によって世界を変えることができると，そのアメリカ人男性は考えている。

◀ポイント▶

ア英文3行目に注目。
イ4行目の内容を考える。
ウ英文6～7行目に注目。
エ第2段落から，集めたのは何かを考える。
オ最後の文から考える。

School Life 学校生活

単語・熟語の解説は別冊 P.28

意味 意味を書いてみましょう。 練習 つづりの練習をして覚えましょう。

STEP1 ●基礎

1 □ one day 　意味＿＿＿＿＿＿ 練習 ＿＿＿＿＿＿＿＿＿＿

2 □ talk about ～ 　意味＿＿＿＿＿＿ 練習 ＿＿＿＿＿＿＿＿＿＿

3 □ don't have to ～ 意味＿＿＿＿＿＿ 練習 ＿＿＿＿＿＿＿＿＿＿

4 □ have to ～ 　意味＿＿＿＿＿＿ 練習 ＿＿＿＿＿＿＿＿＿＿

5 □ spend [spénd] 　意味＿＿＿＿＿＿ 練習 ＿＿＿＿＿＿＿＿＿＿

6 □ wrong [rɔ́:ŋ] 　意味＿＿＿＿＿＿ 練習 ＿＿＿＿＿＿＿＿＿＿

7 □ feel [fí:l] 　意味＿＿＿＿＿＿ 練習 ＿＿＿＿＿＿＿＿＿＿

STEP2 ●中級

8 □ uniform [jú:nifɔ̀:rm] 意味＿＿＿＿＿＿ 練習 ＿＿＿＿＿＿＿＿＿＿

9 □ worry about ～ 意味＿＿＿＿＿＿ 練習 ＿＿＿＿＿＿＿＿＿＿

10 □ clothes [klóuz] 意味＿＿＿＿＿＿ 練習 ＿＿＿＿＿＿＿＿＿＿

11 □ choose [tʃú:z] 　意味＿＿＿＿＿＿ 練習 ＿＿＿＿＿＿＿＿＿＿

12 □ fun [fʌn] 　意味＿＿＿＿＿＿ 練習 ＿＿＿＿＿＿＿＿＿＿

13 □ be different from ～ 意味＿＿＿＿＿＿ 練習 ＿＿＿＿＿＿＿＿＿＿

STEP3 ●上級

14 □ expensive [ikspénsiv] 意味＿＿＿＿＿＿ 練習 ＿＿＿＿＿＿＿＿＿＿

15 □ even if ～ 　意味＿＿＿＿＿＿ 練習 ＿＿＿＿＿＿＿＿＿＿

▼▲▼▲▼▲▼▲▼▲▼▲▼▲▼▲ 単語・熟語の意味 ▼▲▼▲▼▲▼▲▼▲▼▲▼▲

1 □ 熟 ある日　　　　6 □ 形 まちがった　　　11 □ 動 選ぶ

2 □ 熟 ～について話す　7 □ 動 感じる, 気がする　12 □ 名 楽しみ

3 □ 熟 ～しなくともよい　8 □ 名 制服, ユニフォーム　13 □ 熟 ～と違っている

4 □ 熟 ～しなければならない　9 □ 熟 ～を心配する　14 □ 形 高価な

5 □ 動 (金を)使う　　10 □ 名 衣服　　　15 □ 熟 たとえ～でも

▼▲▼▲▼▲▼▲▼▲▼▲▼▲▼▲▼▲▼▲▼▲▼▲▼▲▼▲▼▲▼▲▼▲▼▲▼▲

☆☆次の英文を読んで，あとの設問に答えなさい。　　　　　　　　　　(25点×4)

One day Yasuko and Masaaki were talking about school uniforms.

Yasuko :　I like school uniforms because I don't have to worry about my clothes every morning.　Also ❶

Masaaki :　Do you think so?　I don't like school uniforms because I have to wear the same clothes every day. Choosing clothes is a lot of fun.

Yasuko :　Well, your parents have to spend a lot of money on clothes, then.

Masaaki :　❷ Clothes are not expensive.

Yasuko :　I think you're wrong.　And I like my school uniform because it shows that we are all students of the same school.

Masaaki :　Well, ❸ If you wear the same clothes, you can't feel that you are different.

Yasuko :　I don't think so.　You can be different even if you wear the same clothes.

🔊 111

---

(1) 内 容 の 理 解　❶〜❸の 　 の中にあてはまる文を１つずつ選び，その記号を書きなさい。

❶ 〔　　〕　　　❷ 〔　　〕　　　❸ 〔　　〕

ア　That's a good idea.

イ　That's no problem.

ウ　I want to be different from other students.

エ　I study too much.

オ　I think my school uniform looks very pretty.

(2) 内 容 の 理 解　下線部の so が示す具体的な内容を，日本語で書きなさい。

(　　　　　　　　　　　　　　　　　　　　　　　)

◯ポイント◯

(1)❶保子の考えは制服に賛成の立場である。❷次の Clothes … がその理由になっている。❸正明は制服に反対の立場。次に続く文に注目。

(2)直前の正明の発言に注目する。

School Life 学校生活

単語・熟語の解説は別冊 **P.29**

|意味|意味を書いてみましょう。|練習|つづりの練習をして覚えましょう。

STEP1 ●基礎

1. ☐ **junior high school** |意味|＿＿＿＿＿＿ |練習|＿＿＿＿＿＿＿＿＿＿＿＿＿＿＿

2. ☐ **old** [óuld] （オウルド） |意味|＿＿＿＿＿ |練習|＿＿＿＿＿＿＿＿＿＿＿＿＿＿＿

3. ☐ **look at ～** |意味|＿＿＿＿＿ |練習|＿＿＿＿＿＿＿＿＿＿＿＿＿＿＿

4. ☐ **tree** [tríː] （トゥリー） |意味|＿＿＿＿＿ |練習|＿＿＿＿＿＿＿＿＿＿＿＿＿＿＿

5. ☐ **often** [ɔ́(ː)fn] （オ(ー)フン） |意味|＿＿＿＿＿ |練習|＿＿＿＿＿＿＿＿＿＿＿＿＿＿＿

6. ☐ **happy** [hǽpi] （ハピィ） |意味|＿＿＿＿＿ |練習|＿＿＿＿＿＿＿＿＿＿＿＿＿＿＿

7. ☐ **anything** [éniθìŋ] （エニィスィング） |意味|＿＿＿＿＿ |練習|＿＿＿＿＿＿＿＿＿＿＿＿＿

8. ☐ **card** [káːrd] （カード） |意味|＿＿＿＿＿ |練習|＿＿＿＿＿＿＿＿＿＿＿＿＿＿＿

9. ☐ **long** [lɔ́ːŋ] （ローング） |意味|＿＿＿＿＿ |練習|＿＿＿＿＿＿＿＿＿＿＿＿＿＿＿

STEP2 ●中級

10. ☐ **grandmother** [grǽnmʌ̀ðər] （グランマザァ） |意味|＿＿＿＿＿ |練習|＿＿＿＿＿＿＿＿＿＿＿

11. ☐ **as ～ as ...** |意味|＿＿＿＿＿ |練習|＿＿＿＿＿＿＿＿＿＿＿＿＿＿＿

12. ☐ **history** [hístəri] （ヒストリィ） |意味|＿＿＿＿＿ |練習|＿＿＿＿＿＿＿＿＿＿＿＿＿＿＿

13. ☐ **by the way** |意味|＿＿＿＿＿ |練習|＿＿＿＿＿＿＿＿＿＿＿＿＿＿＿

14. ☐ **dream** [dríːm] （ドゥリーム） |意味|＿＿＿＿＿ |練習|＿＿＿＿＿＿＿＿＿＿＿＿＿＿＿

STEP3 ●上級

15. ☐ **anniversary** [æ̀nivə́ːrsəri] （アニヴァーサリィ） |意味|＿＿＿＿＿ |練習|＿＿＿＿＿＿＿＿＿＿＿

▼▲▼▲▼▲▼▲▼▲▼▲▼▲▼▲▼▲▼▲ 単語・熟語の意味 ▼▲▼▲▼▲▼▲▼▲▼▲▼▲▼▲▼▲

1. ☐ 熟 中学校
2. ☐ 形 古い
3. ☐ 熟 ～を見る
4. ☐ 名 木
5. ☐ 副 しばしば

6. ☐ 形 うれしい
7. ☐ 代 (疑問文で)何か
8. ☐ 名 カード
9. ☐ 形 長い
10. ☐ 名 祖母，おばあさん

11. ☐ 熟 …と同じくらい～
12. ☐ 名 歴史
13. ☐ 熟 ところで
14. ☐ 名 夢
15. ☐ 名 記念日

5 | OUR SCHOOL　私たちの学校

解答・考え方は別冊 P.29

☆☆ 次の英文を読んで，あとの設問に答えなさい。　　　　　　　　　　　　　　（25点×4）

Ayumi :　　❶This junior high school will be 80 years old next month.

Ms. Brown :　Is that right?

Ayumi :　　Yes. Our school is very old. My father and my grandmother studied here, too.

Ms. Brown :　Wow!

Ayumi :　　Look at that beautiful tree. ❷The (as / as / is / old / this / tree) school. People often visit our school to see it. I'm happy to study at this school.

Ms. Brown :　Your school has a lot of history!

Ayumi :　　Thank you.

Ms. Brown :　By the way, are you going to do anything for the 80th anniversary?

Ayumi :　　Yes. We will write our dreams on cards. I want to be a teacher and tell the long history of our school to students.　🔊 113

---

(1)　受動態と副詞　下線部❶を次のように具体的に言いかえるとき，空所に適語を補いなさい。

This junior high school was built about 80 ＿＿＿＿＿＿

＿＿＿＿＿＿.

(2)　比較の文　下線部❷の（　）内の語を正しく並べかえなさい。

The ＿＿＿＿＿＿＿＿＿＿＿＿＿＿＿＿＿ school.

(3)　内容の理解　次は Ayumi が自分の夢について書いたものです。空所に適切な日本語を補いなさい。

　　私の夢は①（　　　　　　　　）になることです。そして，私たちの学校の②（　　　　　　　　）を生徒たちに伝えることです。

○◁ポイント▷○

(1)「80年ほど前に建てられた」と考える。
☞ チェック30

(2) as ～ as … の文に。～には形容詞の原級がくる。
☞ チェック6

(3)最後の文に注目する。①前半部分に注目。
②and 以下に注目。

113

学校生活

解答は別冊 P.29・30

1 次の英語は日本語に，日本語は英語になおしなさい。　　　　　　　　　　（2点×18）

(1)	feel	(	)	(2)	vacation	(	)
(3)	grade	(	)	(4)	health	(	)
(5)	information	(	)	(6)	problem	(	)
(7)	education	(	)	(8)	touch	(	)
(9)	木	_____		(10)	夢	_____	
(11)	衣服	_____		(12)	同意する	_____	
(13)	まちがった	_____		(14)	（金を）使う	_____	
(15)	楽しみ	_____		(16)	しばしば	_____	
(17)	数字，数	_____		(18)	十分な	_____	

2 次の **AB** と **CD** の関係がほぼ同じになるように，**D** に適語を入れなさい。　（2点×6）

	A	**B**	**C**	**D**
(1)	read	reading	write	_____
(2)	write	right	see	_____
(3)	learn	teach	answer（動詞）	_____
(4)	go	went	take	_____
(5)	pencil	pencils	country	_____
(6)	easy	difficult	short	_____

3 次の語群を，日本文に合うように並べかえなさい。　　　　　　　　　　（6点×2）

(1) 私の考えはあなたのとは違います。

　　(is / yours / from / my / different / idea / .)

　　_____

(2) あなたはそれを心配する必要はありません。

　　(worry / have / it / you / to / about / don't / .)

　　_____

4 次の英文は，図書委員長の Betty さんが生徒会の役員会で，アンケート調査をもとに来年の図書委員会(school library committee)の活動計画について発表したものです。グラフ(graph)と表(table)と英文をもとに，あとの設問に答えなさい。(10点×4)

Do you like reading books? This is one of the questions. Please look at the graph. It shows 60% of the students like reading very much and 27% of them like reading a little. Another question is "Why do you read books?" Please look at the table. More than 60% of them answered, "I read because it is a lot of fun." About 50% of them think they can learn new things, and 40% of them answered, "I read because my friends like to read and talk about books." ❶We think this answer is very important. If we talk about books with other people and feel the joy of reading, we will become more interested in it.

So we are going to do two projects next year. First, we will use our library newsletter to tell students about popular books. We will also tell about their ideas on the books. Second, ❷we will have a book club meeting after school every month. We want to invite our parents to the meeting to talk about their favorite books together. We hope more students will read books through these projects.

[グラフ] 本を読むことは好きですか。

[表] なぜ本を読むのですか。

〔　　A　　〕	65%
〔　　B　　〕	49%
〔　　C　　〕	40%
調べものをするため	35%
自由な時間があるので	20%
その他	10%

(複数回答あり)

🔊 115

[注] question：質問　　joy：喜び　　project：計画　　newsletter：通信

(1) 表の〔　A　〕にはどのような理由が入るか，日本語で書きなさい。

(　　　　　　　　　　　　　　　　　　　　　　　　　　　　　　　　　)

(2) 下線部❶の理由を日本語で書きなさい。

(　　　　　　　　　　　　　　　　　　　　　　　　　　　　　　　　　)

(3) 下線部❷の a book club meeting の具体的な活動内容を日本語で書きなさい。

(　　　　　　　　　　　　　　　　　　　　　　　　　　　　　　　　　)

(4) 本文の内容と合うように，空所に適語を補いなさい。

The students will know about _____ books by reading the newsletter.

◇◇次の英文を読んで，あとの設問に答えなさい。　　　　　　　　　(10点×10)

　As you know, we have six kinds of coins in Japan.　There are 1, 5, 10, 50, 100 and 500 yen coins.　We see them almost every day, but can you remember their designs?　Let's think about some of the coins.　On 10 yen coins, there is a very famous building.　On 100 yen coins there are cherry blossoms.　①By the way, did you ever think about the meaning of each design?　We can learn something about Japan by studying it.

　Look at this picture.　This is the design of 5 yen coins. There are three things on ②it.　We can see a rice plant. We can also see a gear around the hole.　The last one is the most difficult.　We can see the lines under the hole. Those lines are water.　All three things were chosen for the design of the 5 yen coin in 1949.

　What can we learn from these things?　A rice plant means to grow rice.　A gear means to make things in factories.　Water means to catch fish in the sea and rivers.　These show that many people in Japan in those days did these three jobs.

　It is more than 70 years since this design was made.　We still have these three jobs now, but ☐☐☐☐☐ A lot of people use computers to do these jobs now.　③With computers, they do the jobs more easily.

　④If a new design of the 5 yen coin is made, what will it be like?

[注]　coin：硬貨　　almost：ほとんど
　　　design：デザイン　　cherry blossom：桜
　　　meaning：意味　　rice plant：稲　　gear：歯車
　　　hole：穴　　line：線
　　　chosen：choose（選ぶ）の過去分詞形
　　　factory：工場　　in those days：当時
　　　since：〜以来

◀)) 116

(1) 下線部❷のitが指す内容を日本語で書きなさい。

(　　　　　　　　　　　　　　　　　　　　　　　　　　　　　　　　　）

(2) 次の□□内が本文の内容と合うように，①〜③の（　）内に適切な日本語を補いなさい。

5円硬貨に描かれている図柄は稲，歯車，①（　　　　　　　）を表している。この3つは②（　　　　　　　），工場で物をつくること，海や川で魚をとることを意味している。それらは70年以上前の日本で③（　　　　　　　）を示している。

① （　　　　　　　　　　　　　　　　　　　　　　　　　　　　　　　　）
② （　　　　　　　　　　　　　　　　　　　　　　　　　　　　　　　　）
③ （　　　　　　　　　　　　　　　　　　　　　　　　　　　　　　　　）

(3) 本文中の□□□に入れるのに最も適切なものを選びなさい。

ア　we didn't need to do them.

イ　we only have old ways to do them.

ウ　we have new ways to do them.

エ　we won't change the ways to do them.

(4) 下線部❶・❸・❹を日本文になおしなさい。

❶ （　　　　　　　　　　　　　　　　　　　　　　　　　　　　　　　　）
❸ （　　　　　　　　　　　　　　　　　　　　　　　　　　　　　　　　）
❹ （　　　　　　　　　　　　　　　　　　　　　　　　　　　　　　　　）

(5) 次の問いに英文で答えなさい。

(a) How many kinds of coins are there in Japan?

_____

(b) What can you see on 10 yen coins?

_____

◇◇次の英文を読んで，あとの設問に答えなさい。 (10点×10)

Jim was a fisher. ①He lived in a small house near the sea. He had a nice boat and good nets for catching fish. ②But no one liked Jim. He was a very greedy man. He went fishing with the other fishers, but he did not give them ③ ____ of his fish. He often caught more fish than they did. But he ④took all his fish with him.

One day Jim went out in his boat. There were other fishers in their boats, and one man said, "There are ⑤a lot of fish today. We can all catch some fish."

Jim thought, "I will catch more fish than anyone," and he took his boat far out to sea. He caught some fish, but they were very small. Then one of the fishers shouted, "Look, here are a lot of big fish!"

Jim sailed his boat over to the fisher. He saw hundreds of fish in the water. They were ⑥(big) than the fish in his net.

"I'll catch these fish," Jim said. "I'll throw ⑦mine into the sea." He threw all the fish out of his net into the sea.

"Oh, Jim, why are you throwing your fish into the sea?" said the other fishers.

"I want to catch these big fish," said Jim. "My net is ⑧(good) than yours. Go and look for other big fish."

He put his net into the sea near the big fish. "Take your nets away!" he said to the other fishers. "I am catching these fish."

"We'll help you," they said. But Jim said, "I don't want your help. Go away!" The other fishers went away. He saw hundreds of big fish in his net. ⑨Just then he found that he could not get his net into the boat. But there was no one to help him. The fish were very heavy, and they broke the net. When the net was broken, all the fish went away. Then Jim thought, "I was very foolish. I will never be greedy again."

[注] fisher：漁師　　net：あみ　　greedy：欲深い
　　　hundreds of ～：何百という～　　throw：投げる(threw はその過去形)
　　　heavy：重い　　foolish：ばかな

(1) 下線部❶を日本文になおしなさい。

( )

(2) 下線部❷の2つの文を結びつけて1つの文にするとすれば，次の文の空所には下のア〜エのどの語が適切か，1つ選びなさい。

But no one liked Jim, ＿＿＿＿＿＿＿ he was a very greedy man.

ア　or　　　　　　　イ　but　　　　　　ウ　so　　　　　　エ　because

(3) ❸ に最も適する語を次から1つ選びなさい。

ア　some　　　　　　イ　any　　　　　　ウ　another　　　エ　others

(4) 下線部❹の語の原形を書きなさい。

＿＿＿＿＿＿＿＿

(5) 下線部❺と同じ意味を表す1語を書きなさい。

＿＿＿＿＿＿＿＿

(6) ❻の（　）内の語を適切な形にかえなさい。

＿＿＿＿＿＿＿＿

(7) 下線部❼は，どのような2語の代わりに用いられたものか。その2語を書きなさい。

＿＿＿＿＿＿＿＿　＿＿＿＿＿＿＿＿

(8) ❽の（　）内の語を適切な形にかえなさい。

＿＿＿＿＿＿＿＿

(9) 下線部❾を日本文になおしなさい。

( )

(10) この物語は全体としてどのようなことを述べているか。最も適切なものを1つ選びなさい。

ア　Jim was a very greedy fisher, and he didn't give his fish to the other fishers.

イ　Jim was a greedy fisher, but he thought in the end he would never be greedy again.

ウ　Jim was a greedy fisher and he always wanted to catch more fish than the other fishers.

エ　One day Jim threw his small fish into the sea and tried to catch a lot of big fish without any help.

◇◇次の英文を読んで，あとの設問に答えなさい。　　　　　　　　　（10点×10）

Roy lived in a small town with his parents, and he was a ❶happy boy.

One day his mother said to him, "You are going to start school on Monday, Roy. School is very nice. The children learn a lot of interesting things, and they play games, paint pictures and sing songs. You like those things?"

"Yes," said Roy. Then he asked, "How long am I going to stay at school, Mom?"

"Six years, Roy," answered his mother. ❷Roy did not say anything.

On Monday, his mother ❸(take) him to school, and ❹saw his teacher. His teacher was a nice young woman. His mother said goodbye to him and went ❺　　. Roy went into the classroom. Then he began to cry. His class played games, drew pictures, and learned some nice things, but he cried most of the morning.

His teacher said, "❻Don't cry, Roy. In the afternoon, your mother will come and take you home."

Roy stopped ❼(cry). "Can I go home today?" he asked.

She said, "Yes, of course. School finishes ❽　　 two o'clock."

He said, "Oh, but my mother said, 'You are going to stay at school for six years'!"

She laughed and said, "Yes, that's right, Roy. But all of us go home every day, and there is no school on Saturdays, Sundays, or during the holidays." He smiled when he ❾heard this, and he was very happy again.

[注]　game：ゲーム
　　　paint：(絵を)かく
　　　drew：draw(絵をかく)の過去形
　　　holiday：休暇

120

(1) 下線部❶の語の副詞形を書きなさい。

_____

(2) 下線部❷は，Roy のどんな気持ちを表しているか，次から１つ選びなさい。

　　ア　６年間も勉強することへの不満と怒り

　　イ　６年間も学校にいることへの驚きと不安

　　ウ　６年間も勉強することへの決心と幸せ

　　エ　６年間も学校にいることへの喜びと期待

(3) ❸の（　）内の語を適切な形にかえなさい。

_____

(4) 下線部❹の語の原形を書きなさい。

_____

(5) ❺ にあてはまる語を次から１つ選びなさい。

　　ア　away　　　　　　イ　in　　　　　　　ウ　together　　　エ　up

(6) 下線部❻を日本文になおしなさい。

（　　　　　　　　　　　　　　　　　　　　　　　　　　　　　　　　　）

(7) ❼の（　）内の語を適切な形にかえなさい。

_____

(8) ❽ に適切な前置詞を補って，「２時に」の意味になるようにしなさい。

_____

(9) 下線部❾の heard の -ear- と同じ発音を含むものを次から１つ選びなさい。

　　ア　start　　　　　　イ　learn　　　　　ウ　morning　　　エ　course

(10) 本文の内容と一致するものを次から１つ選びなさい。

　　ア　On Monday Roy went to school with his parents and had a good time.

　　イ　Roy was sad because he could not play games and draw pictures.

　　ウ　Roy's mother thought that he would not come home for six years.

　　エ　Roy was happy when he understood that he could go home every day.

◇◇次の英文を読んで，あとの設問に答えなさい。

Mary is six years old. She usually plays alone for ❶hours because she has no brothers or sisters. One day her mother said, "Mary, Aunt Beth is going to come and stay here for a few days." Aunt Beth is four years younger than Mary's mother.

Aunt Beth arrived by plane on Friday afternoon. Both Mary and her mother went to the airport to meet her. Aunt Beth was carrying a big bag. There were a lot of presents for Mary inside it. Among them there was a pretty doll. Mary liked it very much. After dinner she enjoyed playing games with Aunt Beth. She was very ❷happy.

On Sunday evening, Aunt Beth said to Mary, "I'll have to go home tomorrow." Mary was very sad because she loved her aunt.

The next day, Mary and her mother went to the airport with Aunt Beth. On their way to the airport Mary said, "Aunt Beth, please stay here one more day." Aunt Beth said, "I'm sorry, Mary, but I'm so busy, and I can't stay longer. I'll come again." When her aunt went into the plane, Mary ❸began to cry and said, "Why does Aunt Beth live in the sky and not on the ground like us?"

[注]　for hours：何時間も
　　　airport：空港
　　　carry：運ぶ
　　　inside：～の中に
　　　among：～の中に
　　　sky：空

122

(1) 次のア～カのうちで，本文の内容と合っているものには○，違っているものには×，
本文に述べられていないものには△をつけなさい。 (7点×6)

ア 〔　　〕 Mary's mother is five years older than Mary's aunt.

イ 〔　　〕 Mary's aunt couldn't carry her bag because it was too big.

ウ 〔　　〕 There was a doll for Mary in her aunt's bag.

エ 〔　　〕 Mary's aunt gave a doll to Mary. The doll was made in Japan.

オ 〔　　〕 Mary's aunt said that she couldn't come to see Mary again.

カ 〔　　〕 Mary was smiling when her aunt went into the plane.

(2) 次のそれぞれの質問に対し，適切な答えを1つ選びなさい。 (8点×3)

(a) How old is Mary?

　　ア Three.　　　　　イ Four.　　　　　ウ Six.

(b) Where did Mary meet her aunt?

　　ア At the airport.　　　　　イ At the bus stop.

　　ウ In the plane.

(c) How long did Mary's aunt stay?

　　ア For two days.　　　　　イ For four days.

　　ウ For six days.

(3) 本文に題をつけるとすれば次のどれが適切か，1つ選びなさい。 (10点)

　　ア A Present for Mary　　　　　イ Aunt from the Sky

　　ウ At the Airport　　　　　エ Mary and her Mother

(4) 下線部❶と同じ発音で，つづりの異なる語を書きなさい。 (8点)

————————————

(5) 下線部❷と反対の意味を表す語を文中より書き出しなさい。 (8点)

————————————

(6) 下線部❸の語の原形を書きなさい。 (8点)

————————————

「中学基礎100」アプリ テスト前 5科4択 で，
スキマ時間にもテスト対策！

問題集 → アプリ

＼ 日常学習 ／
＼ テスト1週間前 ／
『中学基礎がため100%』
シリーズに取り組む！

＼ 定期テスト直前！ ／
テスト必出問題を
「4択問題アプリ」で
チェック！

アプリの特長

『中学基礎がため100%』の
5教科各単元に
それぞれ対応したコンテンツ！
＊ご購入の問題集に対応した
コンテンツのみ使用できます。

テストに出る重要問題を
4択問題でサクサク復習！

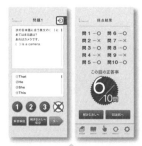

間違えた問題は「解きなおし」で，
何度でもチャレンジ。
テストまでに100点にしよう！

＊アプリのダウンロード方法は，本書のカバーそで（表紙を開いたところ），または1ページ目をご参照ください。

中学基礎がため100%

できた！ 中2英語
単語・読解

2021年 2月　第1版第1刷発行
2023年12月　第1版第4刷発行

発行人／志村直人
発行所／株式会社くもん出版
〒141-8488
東京都品川区東五反田2−10−2　東五反田スクエア11F
☎ 代表　　　03(6836)0301
　　編集直通　03(6836)0317
　　営業直通　03(6836)0305

印刷・製本／図書印刷株式会社

デザイン／佐藤亜沙美(サトウサンカイ)
カバーイラスト／いつか
本文イラスト／くぬぎ太郎・とよしまやすこ・渡邊ゆか
本文デザイン／岸野祐美・永見千春・池本円(京田クリエーション)・TENPLAN
編集協力／岩谷修
音声制作／ブレーンズギア
ナレーター／Bianca Allen・Cyrus Sethna・Jeff Manning・
　　　　　　Julia Yermakov・Rumiko Varnes
©2021 KUMON PUBLISHING Co.,Ltd. Printed in Japan
ISBN 978-4-7743-3112-6

公文式教室では、
随時入会を受けつけています。

KUMONは、一人ひとりの力に合わせた教材で、
日本を含めた世界60を超える国と地域に「学び」を届けています。
自学自習の学習法で「自分でできた!」の自信を育みます。

公文式独自の教材と、経験豊かな指導者の適切な指導で、
お子さまの学力・能力をさらに伸ばします。

お近くの教室や公文式
についてのお問い合わせは

ミンナニ ヒャクテン
0120-372-100

受付時間 9:30～17:30　月～金（祝日除く）

教室に通えない場合、通信で学習することができます。

公文式通信学習　検索

通信学習についての
詳細は
0120-393-373

受付時間 10:00～17:00　月～金（水・祝日除く）

お近くの教室を検索できます　くもんいくもん　検索

公文式教室の先生になることに
ついてのお問い合わせは
0120-834-414
くもんの先生　検索

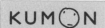 公文教育研究会

公文教育研究会ホームページアドレス
https://www.kumon.ne.jp/

a few ～	2，3の～	during the day	日中に
a little	少しは，多少	during the night	夜間に
a little ～	少しの～，少量の～	even if ～	たとえ～でも
a long way from ～	～から遠い	Excuse me.	すみませんが。
a lot〔of ～〕	たくさん〔の～〕	fire engine	消防車
a pair of ～	1着の～（ズボンなど）	French fries	フライドポテト
all right	だいじょうぶで	get back	もどる，帰る
as ～ as ...	…と同じくらい～	get off ～	～から降りる
as soon as ～	～するとすぐに	get on ～	～に乗る
as you know	知っての通り	get to ～	～に到着する
ask ～ to ...	～に…するように頼む	get up	立ち上がる
at a time	一度に	go back	帰る，もどる
at last	ついに，やっと	go on a date	デートに出かける
at night	夜に	go for a walk	散歩に出かける
at once	ただちに，すぐに	green salad	野菜サラダ
at the end of ～	～の端に	hand in hand	手を取りあって
baggage office	手荷物預かり所	have to ～	～しなければならない
be able to ～	～することができる	help ～ with ...	～の…を手伝う
be about to ～	今にも～しそうだ	Here is ～.	ここに～がある。
be afraid of ～	～をおそれる	Here it is.	はい，ここにあります。
be born	生まれる	Here you are.	はい〔さあ〕，どうぞ。
be different from ～	～と違っている	How about ～?	～はどうですか。
be from ～	～の出身である	How long ～?	（時間が）どれくらい～か。
be going to ～	～する予定だ	How much ～?	～はいくらですか。
be interested in ～	～に興味がある	I'd like to ～	～したいのですが
be out	出かけている	I'd love to.	ぜひそうしたいです。
be surprised	驚く	if you like	よろしかったら
between ～ and ...	～と…の間に	I'm afraid ～	残念ながら～と思う
bus stop	バス停	I'm finished.	（私は）終わりました。
by the way	ところで	I'm sorry.	すみません。
Can you ～?	～してくれますか。	in fact	実際は，はっきり言えば
clear up	晴れあがる	in the suburbs of ～	～の郊外に
come to ～	～になる	I hear ～	～だそうだ
decide on ～	～に決める	I see.	わかりました。
do without ～	～なしですます	Is ～ there?	（電話で）～さんは在宅
don't have to ～	～しなくともよい		ですか。

中学基礎がため100％

できた！中2英語

単語・読解

別　冊
解答と解説

➡のあとの数字は,「中2英語・文法」のまとめのページの *チェック* の番号に対応しています。

1答 (1) 家族　(2) 美しい　(3) ときどき
(4) 叫ぶ　(5) 休暇　(6) 楽しむ
(7) 生活, 生命　(8) 教科, 学科
(9) long　(10) house　(11) lake
(12) help　(13) busy　(14) same
(15) friend　(16) write　(17) letter
(18) school

2答 (1) fifth　(2) teacher
(3) children　(4) our
(5) him　(6) difficult[hard]

考え方 (1) 序数に。fiveth ではない。
(2) 動詞を, 人を表す語に。
(3) 不規則な複数形になる。
(4) 所有格に。　(5) 目的格に。
(6) 反対の意味を表す語〔反意語〕に。

3答 (1) Where are they playing baseball?
(2) My brother can't write his name.

考え方 (1) Where で始まる現在進行形の疑問文になる。
(2) can の否定文になる。

4答 (1) Does he speak English?
(2) どのようにしたら駅に着けますか〔駅にはどう行けばいいのですか〕。
(3) to the station　(4) イ
(5) (a) Yes, she does.
(b) He's[He is] a high school teacher.
(c) He's[He is] from America.

考え方 (1) 主語が3人称・単数になる。
(2) get to ～で「～に着く」の意味。
(3) 直前の文を参照する。
(4) 次の Thank you. から考える。
(5) (a) 英文9行目参照。(b) 英文10行目参照。(c) 英文6～7行目参照。

・全訳・
ヒル氏：すみません。あなたは英語を話しますか。
和子：はい, 話します。
ヒル氏：駅へはどう行けばいいのですか。
和子：私はちょうどそこへ行くところです。あの建物の近くです。私と来てください。
ヒル氏：ありがとう。
和子：どういたしまして。どちらのご出身ですか。
ヒル氏：アメリカです。あなたは高校生ですか。
和子：はい。1年生です。英語が大好きなんです。
ヒル氏：それはいいですね。私はこの市で高校の英語の教師をしているんですよ。

1答 (1) 建物, ビル　(2) ふつうは, たいてい　(3) 歴史　(4) 野球
(5) おもしろい　(6) 週
(7) 練習(する)　(8) 人々　(9) hill
(10) library　(11) tall　(12) use
(13) study　(14) read　(15) popular
(16) find　(17) park　(18) season

2答 (1) buses　(2) month　(3) us
(4) twelfth　(5) American
(6) write

考え方 (1) 複数形に。-s で終わる語には es.
(2) spring は季節で, January は月。
(3) 目的格に。　(4) 序数に。
(5) 形容詞に。　(6) 同じ発音。

3答 (1) How many dictionaries do you have?
(2) Who is playing the piano?

考え方 (1) How many のあとには複数形がくる。
(2) Who を主語にした現在進行形の疑問文になる。

4答 (a) They got to Australia[there] on December 27th[27].
(b) They stayed at Sachiko's house.
(c) 50分。
(d) 大きな動物園。
(e) 12月31日。

考え方 (a) 英文4～5行目参照。12月26日に出発して, その翌日に着いた。
(b) 英文5行目参照。
(c) 9時10分に出て, 10時に着いた。
(d) 英文9行目参照。
(e) 英文11行目参照。the last day of December とは12月31日のこと。

・全訳・
みなさん, こんにちは。冬休みに私は家族といっしょにオーストラリアを訪れて, そこで母の友人に会いました。彼女の名前は幸子です。
私たちは12月26日に日本を出発して, オーストラリアにはその翌日に着きました。私たちは幸子さんの家に滞在しました。幸子さんの家族と

いっしょに私たちはいくつかの場所を訪れました。

12月28日，私は朝7時に起きました。私たちは幸子さんの家を9時10分に出て，美しい海岸に10時に着きました。海で泳いで楽しみました。海岸で昼食を食べたあと，大きな動物園へ行きました。私は動物が大好きです。私はそこで動物の写真をたくさん撮りました。

12月の最後の日，私たちはオーストラリアを発って日本に帰りました。私は夏休みに再び幸子さんの家を訪れるつもりです。

グレード1 の復習テスト(3)　P.8・9

1 答 (1) 言語，言葉　　(2) 海洋，海
(3) 重要な，大切な　　(4) 食べ物
(5) 誕生日　　(6) すぐに，間もなく
(7) 着く　　(8) 昨日　　(9) hot
(10) animal　(11) bird　(12) buy
(13) send　(14) nose　(15) think
(16) winter　(17) drink　(18) know

2 答 (1) season　　(2) leaves
(3) thousand　　(4) too
(5) father　　(6) said

考え方 (2) 似たような複数形に knife(ナイフ)
－ knives がある。
(4) 発音が同じ語になる。
(5) 女性と男性という観点から考える。
(6) 原形と過去形。say の発音は[séi]だが，said は[séd]になることにも注意しておこう。

3 答 (1) What time do you get up every day?
(2) Don't play baseball in the park.

考え方 (1) What time のあとに疑問文の語順を続ける。
(2) 否定の命令文になる。

4 答 (1) (the) twenty-first
(2) for　　(3) ア
(4) (a) ウ　　(b) イ

考え方 (1) 下線部は日付を表しているので，順序を表す言い方(序数)にする。the をつけて言うこともある。
(2) Thank you for 〜. で「〜をありがとう」の意味。
(3) 「私たちは同じクラスです」とほぼ同

じ意味のものにする。
(4) (a) 手紙の日付が21日で，昨日受け取ったとある。
(b) 手紙の最後のほうの，... to my friends in Tokyo に注目する。

・全訳・

2021年4月21日
拝啓
　お手紙ありがとう。昨日受け取りました。私は3月30日に家族とニューヨークへ来ました。私はとても元気です。あなたはどうですか。
　良雄君，こちらに友だちができました。彼の名前はフレッドです。ぼくたちは同じクラスにいます。彼は私の家の近くに住んでいます。彼はいつも私を助けてくれます。私にとても親切にしてくれます。
　東京のぼくの友だちによろしく言ってください。それとすぐに手紙を書いてください。

明より

セクション 1　はじめまして

1-1　自己紹介　　P.10・11

STEP1-3 の解説

❶ **everyone**：同じ意味で everybody という語もある。everybody のほうが口語的。

❹ **college**：「大学」の意味を表す語には university という語もある。厳密には college は単科大学を，university は総合大学を指すが，アメリカでは一般に「大学」を college ということが多い。

❺ **Japanese**：名詞で「日本人」，形容詞で「日本語の，日本人の」の意味でも使われることが多い。

❽ **real**：「本当に」の意味の副詞は really になる。つづりに注意しておこう。

⓫ **a lot (of 〜)**：a lot of は名詞の前について many や much と同じ意味を表す。a lot は名詞のような働きをして動詞の目的語になったり，場合によっては「大いに」などの意味で副詞の働きをすることもある。

⓬ **parent**：複数形で使うと「両親」の意味になる。

⓭ **a little**：本文では動詞を修飾して副詞的に使われているが，名詞の前に置いて「少しの〜」の

意味で形容詞的にも使われる。

》》》P.11の解答

答 (1) イ　　(2) with

(3) 私は日本でたくさんの友だちを作って，日本について多くのことを知りたいのです。

(4) (a) He is[He's] thirteen[13] (years old).

(b) Yes, he does. (He has one (brother).)

考え方💡 (1) 「～するとき」の意味を表す接続詞。ア「日本では学校はいつ始まりますか」。疑問詞。イ「私はあなたといるときが幸せです」。接続詞。

(2) help ～ with ... の～には人が，...には手伝う内容がくる。

(3) want to ～で「～したい」の意味。

(4) (a) 英文1～2行目に注目。

(b) 英文3行目に注目。

◁────── •全訳• ──────▷

　みなさん，こんにちは。私の名前はフレッド・スミスです。13歳です。

　私は両親と弟と妹と住んでいます。父は横浜の大学で英文学を教えています。

　私はアメリカにいるとき少し日本語を勉強しました。でも私の話す日本語は大いに問題ありです。というわけで，どうか私の日本語の手助けをしてください。

　私は日本でたくさんの友だちを作って，日本について多くのことを知りたいのです。ありがとうございました。

①-2 家族の紹介 ▷ P.12・13

STEP1-3 の解説 ⋯⋯⋯⋯⋯⋯⋯

❶ **father**：発音に注意。「ファー」とのばす。

❷ **well**：形容詞で「元気な」の意味でも使う。

❹ **work**：名詞で「働くこと，仕事」の意味でも使う。

❺ **not as ～ as ...**：as ～ as ... の否定文になるが，否定文では，最初の as は so で使うこともある。

❻ **brother**：「兄」の意味にも「弟」の意味にも使う。はっきりさせて言いたいときは，「兄」は big brother，「弟」は little brother などと言う。

❼ **sister**：使い方は brother と同じように考える。

❿ **town**：日本語の「町」より大きな都市を指すこ

ともある。

⓭ **U.S.**：United States を略した形になる。

⓯ **grandparent**：複数形で使うと「祖父母」の意味。

》》》P.13の解答

答 (1) 彼女は父ほど上手にそれ〔日本語〕を話せません〔話すことができません〕

(2) name

(3) (a) Yes, he is.

(b) Fred's father does.

(c) They live in a small town near Los Angeles.

考え方💡 (1) not as ～ as ... で「...ほど～ない」の意味になる。～の部分には形容詞や副詞の原級（もとの形）がくる。

(2) 直前の My brother's name に注目。

(3) (a) 「ボブはケートより年上ですか」。Bob is eleven and Kate is eight. とある。(b) 「フレッドのお父さんとお母さんとでは，どちらのほうが日本語をうまく話しますか」。下線部❶の内容をもとに考える。(c) 「フレッドの祖父母はアメリカのどこに住んでいますか」。

◁────── •全訳• ──────▷

　私の父は横浜大学の教授です。彼はとても上手に日本語を話します。私の母は現在働いていません。彼女も日本語を話しますが，父ほどうまく話すことができません。

　私には弟と妹が1人ずついます。弟の名前はボブで，妹の名前はケートです。ボブは11歳で，ケートは8歳です。2人とも東京のアメリカンスクールに通っています。

　私にはアメリカに祖父母がいます。彼らはロサンゼルス近くの小さな町に住んでいます。

①-3 ふるさとの紹介 ▷ P.14・15

STEP1-3 の解説 ⋯⋯⋯⋯⋯⋯⋯

❶ **city**：発音に注意。複数形は cities になる。

❸ **building**：日本語の「ビル」だけでなく，広く一般の建造物を指す語。

❼ **Pacific**：the Pacific Ocean で「太平洋」の意味。the Pacific だけでもこの意味になる。ちなみに「大西洋」は the Atlantic Ocean という。

⓫ **out of ～**：from とほぼ同じ意味になる。

⓮ **downtown**：「繁華街」の意味の名詞としても

使う。なお，英語の文字から判断して「下町」となりそうだが，この意味はない。東京なら銀座のような繁華街を指す。

⑮ **L.A.**：Los Angeles のこと。日本語のように「ロス」とは英語では言わない。

・その他・

● **Los Angeles**：つづりに注意。Angels ではない。
● **California**：「カリフォルニア州」。アメリカ太平洋岸の州。州都はサクラメント。
● **It takes about an hour to get downtown by car.**：It は時間を表すための特別用法の it。take はここでは「(時間が)かかる」の意味。to go 〜は目的を表す副詞的用法の不定詞。by は交通手段を表す前置詞。

▶▶ P.15の解答

答 (1) ❶ ロサンゼルスの中心地には高い建物〔ビル〕がたくさんあります。
❷ 私たちがアメリカに帰ると，彼らはその家から出て行きます。
(2) (a) ロサンゼルスの郊外に住んでいた。
(b) They were born in New York.
(c) His uncle's family is〔Fred's uncle and his family are〕(living there now).

考え方 (1) ❶ 「ある」物や人が単数だったり，数えられない名詞の場合には is を使う。❷ will は未来のことに使うので「出て行くでしょう」でもよい。
(2) (a) in the suburbs of the city とある。 (b) ... were born in New York とある。 (c) My uncle and his family are living ... とある。

・全訳・

私の故郷はカリフォルニア州のロサンゼルスです。ロサンゼルスは太平洋の沿岸にあるとても大きな都市です。私たちはその都市の郊外に住んでいました。繁華街までは車で1時間ほどかかります。ロスの中心部には高い建物がたくさんあります。

私の祖父母はニューヨークで生まれましたが，現在はロスの近くの小さな町に住んでいます。

郊外の私たちの家には今おじと彼の家族が住んでいます。私たちがアメリカにもどると彼らはその家から出て行きます。

①-4 | 先生の自己紹介　P.16・17

STEP1-3 の解説 ……………………

❶ **be from 〜**：be は主語に合わせる。出身地を表すので，be 動詞はすべて現在形になる。
❹ **work**：「働く」か「勉強する」かは文脈などから判断する。
❺ **station**：「駅」の意味だが，police station で「警察署」，fire station で「消防署」の意味になることも覚えておこう。
❻ **hope**：「希望」の意味の名詞としても使う。
❽ **be able to 〜**：be は主語や時制に合わせて使う。未来の文では will be able to 〜，過去の文では was〔were〕able to 〜となる。
⑭ **one piece of 〜**：数えられない名詞について「1つ〜，2つ〜」とするときは，a〔one〕piece of 〜，two pieces of 〜のようにする。advice は数えられない名詞。
⑮ **advice**：アクセントの位置に注意。なお，動詞は advise のつづりで「助言する」の意味。

・その他・

● **Ms.**：Miss は独身女性に，Mrs. は既婚の女性につけるが，Ms. はどちらにも使える。
● **stay**：本文中の stay は「滞在」の意味の名詞。
● **Shibuya Station**：「〜駅」というときは，the をつけずにこのように言う。
● **I hope 〜**：「〜であることを望む，〜であればいいと思う」の意味で，〜には文が続く。〜の部分にはいいと思われる内容がくる。

▶▶ P.17の解答

答 (1) 英語を一生けんめい勉強すること。
(2) ❷ あなた(がた)はとても上手に英語が話せる〔話すことができる〕ようになるでしょう
❸ 英語を話すときにまちがいをすることをおそれてはいけません
(3) ア，エ

考え方 (1) you'll work hard at your English を指している。
(2) ❷ be able to 〜で「〜することができる」の意味。 ❸ when は接続詞で「〜するとき」の意味。
(3) イ This is not my first stay in Japan. とある。 ウ My parents and I were living ... とある。

5

　みなさん，こんにちは。私の名前はキャシー・ウェストです。オーストラリアの出身です。

　今回が初めての日本滞在ではありません。10年ほど前に1年間日本にいました。父が東京の会社で働いていたのです。両親と私は渋谷駅の近くに住んでいました。

　私はあなたがたに今年英語を教えます。あなたがたが英語を一生けんめい勉強することを希望しています。そうすればとても上手に英語が話せるようになりますよ。

　みなさんに1つアドバイスがあります —— 英語を話すときにまちがいをすることをおそれてはいけません。

① -5　放課後の会話　　P.18・19

STEP1-3 の解説 ‥‥‥‥‥‥‥‥

① **anything**：肯定文で使われると「何でも」，否定文で使われると「何も（〜ない）」の意味になる。

② **do**：この文の do は一般動詞。疑問文や否定文に使われる助動詞の do と区別する。

③ **nothing**：not 〜 anything を1語で表すと nothing になる。

⑦ **early**：時間的・時期的に「早く」に使い，速度が「速く」には fast を使う。

⑩ **Can you 〜?**：「〜することができますか」という意味のほかに，「〜してくれますか，〜してくれませんか」の意味で依頼を表す言い方にもなる。

⑭ **on TV**：この言い方では TV に a も the もつけない。

⑮ **Nothing special.**：nothing が，-thing で終わる語なので，形容詞 special はあとの位置になる。

・その他・

● **Sure.**：「もちろん，いいですとも」の意味で，問いかけに応じるのに使う。

▶▶▶ P.19の解答

答 (1) ❶ あなたは今日の夕方〔晩〕何かすることがありますか。

❸ あなたは，テレビでいいラグビーの試合があるときはいつも早く家に帰ります。

(2) ❷ ウ　　❹ ア

(3) イ

考え方 (1) ❶ to do は形容詞的用法の不定詞。

❸ when は「いつ」の意味ではない。

(2) イ　目的を表す副詞的用法。

エ　原因・理由を表す副詞的用法。

(3) それぞれの助動詞の意味を考える。

ア 「あなたは遅れるかもしれません〔遅れてもよい〕。　イ 「あなたは遅れてはいけません」　ウ 「私たちはとても遅れる可能性があります」

must は「〜しなければいけない」の意味だが，must not は「〜してはいけない」という禁止を表す言い方になる。

・全訳・

遼：今晩何かすることある？

フレッド：特にないよ。どうして聞くの？

遼：ほら！　全日本ラグビー選手権のチケットが2枚あるんだ。今日の試合は決勝戦だよ。

フレッド：わー！　ぼくはラグビーの大ファンなんだ！

遼：知ってるよ。テレビでいいラグビーの試合があるときみはいつも早く帰宅するからね。

フレッド：そう，その通りだね。ぼくはほんとうにその試合を見たいんだ。

遼：じゃあ，5時にぼくの家に来てくれるかい？

フレッド：いいとも。

遼：遅れちゃいけないよ。

フレッド：わかった。

① まとめのテスト　　P.22・23

1 答 (1) いつも，つねに　　(2) 親

(3) まちがい　　(4) 建物，ビル

(5) 沿岸，海岸　　(6) 町　　(7) ほんとうに

(8) 教える　　(9) late　　(10) nothing

(11) work　　(12) station　　(13) near

(14) ticket　　(15) city　　(16) high

(17) small　　(18) name

2 答 (1) mother　　(2) scientist

(3) year　　(4) cities　　(5) L.A.

(6) Japanese

3 答 (1) He did not come here yesterday.

(2) Did you want to go to the party?

考え方 (1) yesterday は特に強調する以外は文末に置く。一般動詞過去の否定文。 ▶ 2

(2) 一般動詞過去の疑問文と不定詞。

➡2・21

4 答 (1) (She visited her) Last summer.
(2) It is[It's] in a very small village.
(3) (She goes there) By bus.
(4) (She wants to be a doctor) To help people in small villages.

考え方 (1) 「早紀はいつおばあさんを訪ねましたか」 英文3行目参照。
(2) 「彼女のおばあさんの家はどこにありますか」 In a (very) small village. だけでもよい。英文3行目参照。
(3) 「早紀のおばあさんはふつうどうやって病院へ行きますか」 英文11行目参照。She takes a bus. でもよい。
(4) 「なぜ早紀は医者になりたいのですか」最終段落の第3文と第4文をまとめる。

◆ 全 訳 ◆

みなさん，こんにちは。あなたは将来何になりたいですか。私の夢は医者になることです。それについてお話ししましょう。

この前の夏，私はとても小さな村にいる私の祖母の家に1週間滞在しました。祖母は料理が大好きで，私はすばらしい食事を毎日楽しみました。その村には100人ほどしか人がいません。とてもやさしくて親切な人ばかりでした。その村での生活は楽しく，もっと長くいたいと思いました。

でも，その村には問題があります。そこには医者がいないのです。病気になると，となりの市の病院に行かなければなりません。祖母には車はありませんし，だれも今彼女と同居している人はいません。そういうわけで，病気になって病院に行く必要が生じたときは，1時間ほどバスに乗らなければなりません。私はこのことが心配なのです。両親も心配しています。

日本の多くの村には病院もなければ医者もいません。私はこれに対して何かをしたいのです。私はそこの人々を助けたいのです。それで私は医者になって小さな村のために働きたいと思うのです。腕のよい親切な医者になるように必死に勉強するつもりです。ありがとうございました。

セクション ② メールや手紙を書こう

②-1 合格おめでとう P.24・25

STEP1-3 の解説 ………………

② glad：happy とほぼ同じ意味。

③ news：発音に注意。「ニュース」ではなく「ズ」。

④ be going to ～：be は主語に合わせて使い分ける。

⑥ must：「～にちがいない」の意味になるときは，be が続くことが多い。

⑦ have to ～：主語が3人称・単数なら has to，過去形なら had to となる。

⑩ exam：examination を短くした語。

◆ その他 ◆

● **great**：「すばらしい」の意味。

● **so**：「それで，だから」の意味の接続詞。

● **I think so.**：「そう思います」の意味。so が think の目的語のような働きをしている。

● **Will you ～?**：「～してくれませんか」と依頼を表す言い方になる。

▶▶▶ P.25の解答

答 (1) ❶ to hear　❷ will
(2) ❸ あなたのご両親もとてもうれしいにちがいありません。
❹ 高校に入るためには，あなたはもっと一生けんめい勉強しなければいけません。
(3) 遼に入試について何か教えてもらうために。

考え方 (1) ❶ 「聞いたとき」→「聞いて」と考える。　❷ will の未来の文にする。
(2) ❸ この must は確定的な推量を表す。　❹ harder は副詞 hard の比較級。
(3) 最後の文の and 以下に注目する。

◆ 全 訳 ◆

2021年3月5日

拝啓

やりましたね！　入学試験に合格したんですね！　すばらしい！　私はその知らせを聞いてとてもうれしかったです。

来月は高校生ですね。ご両親もきっと大喜びでしょう。

母は今朝「高校に入るにはもっと勉強しなきゃだめよ」と言いました。ぼくもそう思います。

俊夫さん，近いうちにわが家に来て，入試につ

いて何か教えてくれませんか。

遼より

②-2 | どうですか? P.26・27

STEP1-3 の解説 ....

1 **understand**：アクセントの位置に注意。
2 **more**：many, much の比較級として使うが，information は数えられない名詞なので，ここでは much の比較級になる。
9 **by the way**：話題を変えるときに使う表現。
10 **junior**：本文では名詞の用法だが，「年下の」の意味で形容詞としても使う。
11 **Why don't you 〜?**：くだけた言い方では，Why not 〜? とすることもある。
14 **just now**：過去形の文で使うのが原則。

◇ ・その他・ ◇

● **... and read it**：前に got と過去形があるので，[réd] と発音する過去形になる。
● **about two**：数字の前の about は「約，ほぼ」の意。
● **p.m.**：「午後」の意味。「午前」は a.m.。どちらも数字のあとに置く。

》》》 P.27の解答

答 (1) ❶ 入学試験についての情報をもっとあなたが入手したいということを私は理解しています。
❷ あなたは今決める必要はありませんが，どうかそれについて考えてください。
❸ あなたのガールフレンドといっしょに来てはどうですか〔来ませんか〕。
(2) イ，エ

考え方💡 (1) ❶ 接続詞の that は省略されることも多い。 ❷ have to 〜は「〜しなければならない」の意味になることも覚えておこう。 ❸ 勧誘したり誘う言い方になる。
(2) ア and read it とある。 ウ ... Sunday is ... とある。

◇ ・全訳・ ◇

やあ，遼君
すてきな手紙をありがとう。今しがた受け取って読んだところです。入試についてもう少し情報がほしいんですね。今度の土曜日の午後2時ごろにきみを訪ねて行きましょう。いいですよね？
ところで，どこの高校に入りたいと思っているのですか。遼君が私の後輩になって，同じ学校で勉強できるといいですね。今決める必要はありませんが，考えておいてください。
今度の日曜日はぼくの誕生日です！ 知ってましたか。家でパーティーを開く予定です。午後4時に始まります。友人が何人か来ます。遼君もガールフレンドといっしょに来ませんか。とても楽しくなりそうですよ！
俊夫

②-3 | すごい！ P.28・29

STEP1-3 の解説 ....

1 **other**：代名詞で「ほかのもの，ほかの人」の意味では複数形になることが多い。
7 **wow**：喜びや驚きを表すときに使う。
8 **No problem (with 〜).**：problem は「問題，困ったこと」の意味。
10 **success**：アクセントの位置に注意。
13 **you know**：話し言葉で口調をやわらげるのに使うが，ほとんど意味はない。
14 **look forward to 〜**：to のあとに動詞を続けるときは，〜ing の動名詞にする。

◇ ・その他・ ◇

● **... to celebrate ...**：英文6〜7行目に2つあるが，どちらも目的を表す副詞的用法の不定詞になる。

》》》 P.29の解答

答 (1) ❶ あなたの訪問の時間に関しては何の問題もありません〔だいじょうぶです〕。
❷ 私は，入学試験やその他のことについてあなたにたずねたいことがたくさんあります。
❸ とにかく〔いずれにせよ〕，(私は)土曜日にあなたに会えることを楽しみにしています。
(2) イ，エ

考え方💡 (1) ❸ look forward to 〜は本文のように，進行形で使われることが多い。
(2) エ 下線部❸を言いかえたものと考える。

◇ ・全訳・ ◇

やあ，俊夫さん
わあ，今度の土曜日にぼくのうちにくるんですね！ すごいな！ 訪問してくださる時間については何の問題もありません。入試やほかのことでたずねたいことがいっぱいあります。話す時間を2〜3時間とってあります。それで十分ですか。

そのあと，あなたの入試の合格祝いと，誕生日の前夜祭のお祝いをするためにぼくのうちでパーティーを開きましょう。もちろんぼくは日曜日のお宅でのパーティーには出席します…ガールフレンドといっしょではありませんが。ぼくにはガールフレンドはいませんから…。

いずれにしろ，土曜日にお会いするのを楽しみにしています。よろしければ，ガールフレンドといっしょに来てもいいですよ！　それでは。

遼

ティーではあなたがいちばん美しかった。ぼくはあなたといっしょでないと，とても悲しいのです。ぼくはただあなたといて話をしたいだけなのです。

あなたは今度の日曜日まで会えないと言います。ぼくはそれまで待てません。この手紙を受け取ったらすぐに返事を書いてくれませんか。会えないのなら手紙でがまんします。愛してます。

愛をこめて

ビル

❷-4 ｜ ラブレター① ▷ P.30・31

STEP1-3 の解説

① **stop**：過去形は stopped で，p を重ねる。

⑤ **until**：till の形でも使われる。「〜まで（ずっと）」の意味で，継続を表す。by は「〜までには」の意味で，期限を表す。

⑧ **best**：副詞 well（上手に）の最上級としても使う。

⑨ **dance**：名詞で「ダンス（パーティー）」の意味でも使う。

⑪ **talk to 〜**：talk with 〜と同じと考えてよい。

・その他・

● **With all my love.**：「愛をこめて」の意味だが，With (my) love. の形でも使われる。

▶▶▶ P.31の解答

答 (1)　thinking　　(2)　happiest　　(3)　イ

(4)　❹　あなたはこの次の日曜日まで私に会うことができないと言います。

❺　もし私があなたに会えないのなら，手紙が次によいものです〔手紙が次善のものです／手紙でがまんします／手紙を書いてください〕。

考え方　(1)　stop の目的語は動名詞に。
(2)　最上級に。y を i にかえて est。
(3)　beautiful の最上級にする。
(4)　❹　say のあとに that が省かれている。　❺　if は「もし」の意味で仮定や条件を表す。

・全訳・

2021 年 9 月 11 日

愛するジャネットへ

あなたのことを考えずにはいられません。昨夜あなたといっしょのとき，人生で最も幸せなときでした。あなたはとても美しく踊りました。パー

❷-5 ｜ ラブレター② ▷ P.32・33

STEP1-3 の解説

① **watch**：名詞で「腕時計」の意味もある。

② **also**：否定文でも also で使われる。

⑨ **date**：「日付」の意味でも使われる。

⑮ **tear 〜 to pieces**：tear は[téər]の発音。[tíər]と発音すると，「涙」の意味の名詞になる。piece は「かけら，切れはし」の意味。

・その他・

● **write to 〜**：a letter がなくても「〜に手紙を書く」の意味になる。

● **cousin**[kʌ́zn]：「いとこ」の意味。

● **I can see that ...**：この see は「わかる，理解している」の意味。

● **wrote**[róut]：write の過去形。

▶▶▶ P.33の解答

答 (1)　（ジャネットと歩いていた男の子が）兄〔弟〕やいとこであること（を否定している）。

(2)　❷　彼はあなたの新しいボーフレンドにちがいありません。

❸　あなたがぼくともうデートをするつもりがないことはわかっています。

(3)　won't

考え方　(1)　手を取りあって歩いているのだから，兄弟やいとこではありえないだろうということ。
(2)　❷　must は「〜にちがいない」の意味。
(3)　will not の短縮形 won't になる。

・全訳・

拝啓

ぼくが愚かだと今わかりました。あなたはぼくに手紙をくれませんでした。駅にも現れませんで

9

した。

あなたは気づいていないでしょうが，ぼくはそこであなたを見ていたのです。駅の向こう側をあなたと背の高い男の子が手に手を取って歩いていました。あれはお兄さんですか。いとこですか。いや！　彼は新しいボーイフレンドにちがいありません。

ぼくともうデートするつもりはないことがわかりました。ぼくもあなたにもう手紙を書くつもりはありません。知っての通り，ぼくはあなたに3通の手紙を書きました。どうかそれをずたずたに引き裂くか，ぼくに送り返してください。

ビルより

② まとめのテスト　〉P.36・37

1 答　(1)　決める，決心する　　(2)　情報
(3)　合格する　　(4)　ニュース，知らせ
(5)　うれしい　　(6)　何か　　(7)　試験
(8)　時間，1時間　　(9)　watch
(10)　speak[talk]　　(11)　work　　(12)　life
(13)　until[till]　　(14)　if
(15)　college[university]　　(16)　another
(17)　fun　　(18)　enough

2 答　(1)　beautifully　　(2)　dancing
(3)　best　　(4)　student　　(5)　heard
(6)　entrance

考え方 (1)　形容詞形と副詞形。
(4)　動詞とその動作をする人を表す語。
(6)　動詞形と名詞形。

3 答　(1)　I don't want to stop reading the book.
(2)　Are you going to visit London next month?

考え方 (1)　不定詞と動名詞。 ➡ 21・25
(2)　be going to の疑問文。 ➡ 15

4 答　(1)　6月20日(の日曜日)
(2)　❷　どんな[何の]食べ物がいちばん好きでしたか[気に入りましたか]。
❸　(私は)すぐにあなたに会えればいいなと思います[すぐに会うことを希望しています]。
(3)　(a)　It was difficult.
(b)　Mami's mother did.

考え方 (1)　2～5行目に注目。
(2)　❷　like ～ the best で「～をいち

ばん好き」の意味。 ➡ 11
❸　hope to ～で「～することを望む」。to ～は名詞的用法の不定詞。 ➡ 21
(3)　(a)　「エレンにとってすしを作ることは簡単でしたか，それとも難しかったですか」が質問の意味。9行目に注目。
(b)　「エレンにすしの作り方を教えたのはだれですか」が質問の意味。8～9行目に注目。 ➡ 24

・全 訳・

こんにちは，真美

この前の日曜日，6月20日にカナダの自宅にもどりました。家に着いたとき，私の故郷は暑かったです。3回飛行機を乗り換えなければならず，20時間ほどかかりました。日曜日の朝に羽田を出発して，時差のせいで，ここに着いたのは同じ日の夕方でした。

友人の何人かが私の家に来て日本での生活についてたずねました。1人の友人が「何の食べ物がいちばん好きでしたか」とたずねました。私は「すしとてんぷらよ」と答えました。私は数か月前に，あなたのお母さんからすしの作り方を習いました，そしてここでそれを試してみました。それは簡単ではなかったけど，おいしく食べました。とにかくあなたのお母さんと私はいっしょにすばらしい時間を過ごしました。

真美，あなたはカナダを訪れたいんですよね。夏休みがもうすぐ始まります。家族といっしょにこちらに来ませんか。すし作りの練習をしておきますから，いっしょに楽しく過ごせるでしょう。また会いたいです。

エレン

③ 買い物・食事に出かけよう

③-1　デパートで　〉P.38・39

STEP1-3 の解説

❸ **over there**：相手側から見て「こちらに」はover here という。

❹ **a few ～**：数えられる名詞の前につく。

❻ **a pair of ～**：pants のほかに shoes(くつ)，gloves(手袋)などのように，一組のものに使う。

・その他・

● **department store**：英語では「デパート」のよ

うに略して言わない。

● **men's**：men は man の複数形で，その所有格。

● **May I help you?**：店員が使うと「いらっしゃいませ」の意味。

● **Certainly.**：返答に使うと「わかりました，承知しました」の意味。

● **I'll take these.**：pants が複数形なので，this ではなく these を使っている。

》》 P.39 の解答

答 (1) sell

(2) ❷ この黒いズボンを試着していいですか。

❹ そのズボンはあなたにとてもよく似合っています (3) エ

(4) They sell men's clothing[it] on the second floor.

考え方 (1) 「買う」の反対は「売る」。
(2) ❷ May I ～?で「～してもいいですか」。 ❹ on のあとの～には人がくる。
(3) いくつかあるものから選んで「これを買います」と言うときは，ふつう動詞には take を使う。

• 全 訳 •

フレッド：ズボンを1本買いたいんだ。

遼：どれどれ。ああ，男性用の衣料は2階で売っているよ。 …

店員：いらっしゃいませ。

フレッド：はい，どうも。この黒いズボンを試着してもいいですか。

店員：はい，どうぞ。試着室はすぐそこです。
（数分後）

フレッド：このズボンはぼくにピッタリだ。これを買います。

遼：ああ，そのズボンはきみにとてもよく似合ってるよ。

❸-2 ハンバーガーショップで P.40・41

STEP1-3 の解説 ……………………

❶ **next**：形容詞で「次の」，副詞で「次に」の意味でも使われる。

❻ **soft**：反対の意味を表すのは hard（かたい）。

❼ **Is this for here or to go?**：Is this を省いた形でもよく使われる。

❽ **Here you are.**：相手に何かを手渡すときの表現。Here it is. ともいう。

⓯ **yum-yum**：yummy で「おいしい」の意味の形容詞。どちらもかなり口語的な表現になる。

》》 P.41 の解答

答 (1) (a) ハンバーガー（1個），フライドポテト，コーヒー。 (b) 8ドル20セント。 (c) 肉汁たっぷりのハンバーガーと，やわらかいバン。

(2) (a) He is[He's] going to eat at this shop.
(b) He wants small (French fries).

考え方 (1) (a) One hamburger で始まる文に注目。 (b) Eight dollars で始まる文に注目。 (c) I love で始まる文に注目。
(2) (a) For here, please. とある。
(b) Small, please. とある。

• 全 訳 •

店員：次のかた，どうぞ。

フレッド：ハンバーガー1つと，フライドポテト，それにコーヒーをお願いします。

店員：ここでお召し上がりになりますか，それともお持ち帰りですか。

フレッド：こちらでいただきます。

店員：フライドポテトはLサイズ，Sサイズどちらにしますか。

フレッド：Sサイズでお願いします。

店員：はい，どうぞ。

フレッド：いくらになりますか。

店員：8ドルと20セントになります。ありがとうございます。

遼：フレッド，きみはハンバーガーが大好きなんだね。

フレッド：その通り！ この店の肉汁たっぷりのハンバーガーとやわらかいバンが大好きなんだ。おいしいなあ。

❸-3 レストランで① P.42・43

STEP1-3 の解説 ……………………

❷ **order**：「注文する」という動詞にも使う。

❸ **Me, too.**：否定文を受けて「私も（～ない）」というときは，Me, either. とする。

❻ **soup**：ふつう eat soup と言い，drink soup とは言わない。

⓫ **server**：serve には「給仕する，（食べ物を）出す」の意味がある。この「給仕する人」が server になる。

⓬ **sirloin**：牛の肉でもおいしいとされる部分。

⑭ **well-done**：ステーキの焼き具合。medium（ミディアム・中くらいに火が通った），rare（レア・なま焼けの）も覚えておこう。

┌─── • その他 • ───┐

● **restaurant**：日本語の「レストラン」はフランス語から入ったものだが，英語でも最後の t を発音しないこともある。

● **How would you like 〜?**：「〜はどのようにいたしますか」の意味で，How do you like 〜? をていねいに言ったもの。

● **What 〜 would you like ...?**：これも What 〜 do you like ...? をていねいに言ったもの。

● **Very good, sir.**：「かしこまりました」の意味。Certainly, sir. と同じ。

》》》 P.43の解答

答 (1) ❶ ご注文をうけたまわります。
❹ 野菜スープとグリーンサラダをいただきたいのですが。
(2) ウ　(3) イ　(4) ア

考え方💡 (1) ❶ 「注文をうかがっていいですか」が直訳。　❹ I'd は I would の短縮形。would like to 〜は want to 〜の控え目な表現になる。
(3) 直前のスミス氏が「サーロインを頼む」から考える。

┌─── • 全訳 • ───┐

サーバー（給仕する人）：ご注文をうけたまわります。
スミス氏：サーロインステーキをお願いします。フレッド，きみはどうする？
フレッド：ぼくも同じです。
サーバー：承知いたしました。ステーキはどのようにいたしましょうか。
スミス氏：ウェルダンでお願いします。それから野菜スープとグリーンサラダをお願いします。
サーバー：ドレッシングはどんなのがよろしいですか。
スミス氏：フレンチドレッシングをお願いします。
フレッド：ぼくはイタリアンドレッシング。
サーバー：はい，かしこまりました。

❸-4　レストランで②　　P.44・45

STEP1-3 の解説 ‥‥‥‥‥‥‥‥‥

② **Here is 〜.**：短縮形は Here's 〜.。〜に複数形の語がくるとふつう Here are 〜. となる。

⑥ **check**：「チェックする」の意味の動詞でも使われる。

⑦ **Here it is.**：Here you are. と同じように何かを手渡すときの表現。Here it is. は物に重点が置かれ，Here you are. は相手に重点を置いた言い方になる。

⑩ **change**：「変える，変わる」の意味の動詞でも使われる。

┌─── • その他 • ───┐

● **bring**：「持ってくる」の意味で過去形は brought。なお，「持っていく」は take になる。

》》》 P.45の解答

答 (1) ❶ どうぞこちらへ（いらっしゃってください）。
❷ ご注文をお取り〔おうかがい〕していいですか〔何を注文なさいますか〕。
❸ 勘定書を持ってきてください〔持ってきてくれませんか／くれますか〕。
(2) four thousand (and) five hundred
(3) 5,000円出して，おつりの500円は（チップとして）サーバーに取っておくように言った。

考え方💡 (1) ❷ take one's order で「注文を受ける」。　❸ この文の Can you 〜? は「〜してくれませんか，〜してくれますか」の意味で依頼を表す。
(2) four や five があっても thousand や hundred に s はつかない。なお，forty-five hundred と言うこともある。
(3) You can keep the change. は 5,000円から4,500円を引いた残りの500円をチップとして取っておいてもいいということ。

┌─── • 全訳 • ───┐

スミス氏：２人分の席はありますか。
サーバー：はい，ございます。どうぞこちらのほうへ。　…
サーバー：ご注文をうけたまわります。
スミス氏：天ぷらをいただきます。
スミス夫人：私はおすしにします。　…

12

スミス氏：お勘定をお願いします。

サーバー：ただいまお持ちします。…はいどうぞ。税込みで 4,500 円になります。

スミス氏：ここに 5,000 円あります。おつりは取っておいてください。

サーバー：ありがとうございます。またお立ち寄りください。

❸-5　日本の食べ物　　P.46・47

STEP1-3 の解説 ....

④ **without**：アクセントの位置に注意。

⑤ **breakfast**：-ea- の発音に注意。

⑥ **lots of ～**：a lot of ～と同じように，数えられる名詞にも，数えられない名詞にも使う。

⑧ **favorite**：「大好きなもの，お気に入りのもの」の意味で名詞でも使われる。

⑬ **kid**：「子ヤギ」や「子ども」の意味の名詞としても使われる。

⑭ **No kidding!**：同じ意味で You are〔You're〕kidding. とも言う。

▶▶▶ P.47の解答

答 (1)　best

(2)　❷　あなた（たちが）納豆を食べるなんて私には信じられません。

❸　私は朝食をそれ〔納豆〕なしですますことはできません。

(3)　(a)　Yes, he does.

(b)　No, he does not〔doesn't〕.

考え方 (1)　like ～ the best（～がいちばん好き）の文。best の代わりに most を使うこともある。

(2)　❷　you 以下が believe の目的語になる。　❸　do without ～で「～なしですます」の意味で，この否定文になる。

(3)　(a)　英文2行目に注目。

(b)　朝食に納豆を食べるのは遼。

◇────── ・全訳・ ──────◇

遼：フレッド，きみは日本の食べ物は好き？

フレッド：ええ，好きですよ。すし，天ぷら，すきやき，ほかに好きなものはいっぱいあります。

遼：何がいちばん好きですか。

フレッド：すきやきですね。ほかの人たちといっしょに食べるのがとても楽しいですね。牛肉とシラタキがいちばんの好物です。

遼：納豆は食べますか。

フレッド：いや，まさか！　変なにおいがします。納豆を食べるなんて信じられません。

遼：とんでもないよ。納豆はぼくの大好物なんだ。朝食は納豆がないとどうしようもないよ。

❸ まとめのテスト　　P.48・49

1 答 (1)　信じる　　(2)　再び，もう一度

(3)　つり銭，変える　　(4)　注文（する）

(5)　野菜　(6)　種類　(7)　店員，事務員

(8)　勘定（書）　(9)　dollar　(10)　buy

(11)　later　(12)　food　(13)　coffee

(14)　eat〔have〕　(15)　table　(16)　soup

(17)　soft　(18)　without

2 答 (1)　came　(2)　right

(3)　Italian　(4)　waitress

(5)　shopping　(6)　sell

考え方 (1)　原形と過去形。

(4)　男性形と女性形。

3 答 (1)　I like oranges better than apples.

(2)　How much is this new computer?

考え方 (1)　like ～ better の文。➡ **11**

(2)　値段をたずねるのは How much。

4 答 (1)　❶　going to　❷　of, to

(2)　(a)　(They are〔They're〕going to meet) At 5:15 on Sunday.

(b)　(They are〔They're〕going to meet) At the station.

(c)　(They are〔They're〕going to give him) A (new) cup.

考え方 (1)　❶　「土曜日の計画は？」→「土曜日は何をするつもりか」。planning to でも正解。

❷　「土曜日は忙しい」→「土曜日はすべきことがたくさんある」

(2)　(a)　「マイクとルーシーはいつ会うつもりか」–「日曜日の5時15分」

(b)　「どこで会うつもりか」–「駅で会うつもり」

(c)　「父親に何をあげるつもりか」–「（新しい）カップ」

◇────── ・全訳・ ──────◇

ルーシー：マイク，今度の土曜日の予定はどうなっていますか。ひまなら父の日のプレゼントを買

いに出かけましょう。

マイク：いい考えだね，ルーシー，でも土曜日は忙しいんだ。日曜日はどう？

ルーシー：日曜日はリサと駅の近くの図書館で会う予定よ。

マイク：一日中かかるの？

ルーシー：たぶん，でも5時には図書館が閉まるからその前に終わらせなければいけないの。そのあとならあなたといっしょに行けるわ。

マイク：じゃあ，5時15分に駅で会って，駅の近くの新しいショッピングモールに行こうよ。

ルーシー：いいわ。そのショッピングモールにはたくさん店が入っているそうよ。そこでお父さんのためにすてきなプレゼントが見つけられると思うわ。

マイク：フムフム…，プレゼントで何か考えはある？

ルーシー：そうね，お父さんには何か役立つもの，たとえばペンとかネクタイとか時計なんかをあげたいと思うの。

マイク：あっ，今思い出した。夕べお父さんが会社でカップを割ったって言ってた。あのカップがたいそう気に入っていて，少し悲しそうだったよ。新しいカップはどう？

ルーシー：それは最高ね。きっと気に入るわよ。

セクション 4　お願いします

4-1　郵便局で　　　　　　　　P.50・51

STEP1-3 の解説 ‥‥‥‥‥‥‥‥‥

① **Excuse me.**：Excuse me, but …の形で，「すみませんが，…」の意味で使われることも多い。このときの but には意味はない。

④ **all right**：OK, O.K. とほぼ同じ意味。

⑥ **sea**：sea mail で「船便」の意味。

⑩ **address**：[ədrés]と発音することも多い。

⑫ **air**：air mail で「航空便」の意味。

⑬ **mail**：ふつうの郵便物にも mail を使う。

‥‥‥‥‥‥‥・その他・‥‥‥‥‥‥‥

● **USA**：United States of America の略。さらに略して US とも言う。

● **job**：「仕事，作業」の意味。

▶▶▶ P.51の解答

答 (1) ❶　（アメリカに）小包を送る方法。

❸　フレッドの名前，住所，電話番号。

(2) ❷　ア　　❹　イ

(3) （順に）小包，4日か5日

考え方 (1) ❶　How can I send this package (to the USA)?という英文を考えてみる。

❸　英文3～4行目に注目。

(2) ❷　英文4行目に next（次に）とあるので，First（まず，最初に）が適切。

❹　「切手を買ってはる必要がありますか」→「いいえ，その必要はありません」→「それは私の仕事です」という流れ。

‥‥‥‥‥‥‥・全訳・‥‥‥‥‥‥‥

フレッド：すみません。この小包をアメリカ合衆国に送りたいのですが，ここへは初めてなので，どうすればいいのかわかりません。

局員：はい。ではまず，相手の名前，住所，電話番号をここに書いてください。そして次に，ここに自分の名前，住所，電話番号を書いてください。

フレッド：はい。…終わりました。これでいいですか。

局員：けっこうです。航空便で送りますか，それとも船便にしますか。

フレッド：航空便でお願いします。何日ぐらいかかりますか。

局員：4～5日くらいです。

フレッド：わかりました。切手を買ってそれにはらなければいけないのですか。

局員：いいえ，その必要はありません。それは私の仕事（の一部）です。

フレッド：はい。ありがとうございます。

4-2　駅で　　　　　　　　P.52・53

STEP1-3 の解説 ‥‥‥‥‥‥‥‥‥

④ **arrive**：「～に着く」は arrive のあとに at か in が必要。

⑧ **express**：「急行の」の意味の形容詞でも使う。

⑨ **local**：「各駅停車の」の意味の形容詞でも使う。

⑫ **somewhere**：否定文では anywhere になる。

‥‥‥‥‥‥‥・その他・‥‥‥‥‥‥‥

● **miss**：名前がわからない若い女性に呼びかけるときに使う。Miss と大文字にしてもよい。

● **right over there**：over there は「そこに」の意味。right はここでは「まさに」の意味の副詞。

▶▶▶ P.53の解答

答 (1) seven fifty-five

(2) 7時55分。

(3) earlier　(4) dinner, restaurant

(5) 手荷物預かり所はすぐそこ, 駅の端にあります。

考え方💡 (2) then は 7:55 を指す。

(3) 「それは急行より遅く着く」→「急行はそれより早く着く」

(4) 「駅の中のレストランで夕食を食べる」ということ。

• 全 訳 •

旅行者：次にニューヨークへ行く列車はいつになりますか。

駅員：急行が7時55分に出ます。

旅行者：それより前のはありますか。

駅員：7時3分の普通列車はありますが, ニューヨークには急行より遅く着きます。

旅行者：では, 待たなければいけませんね。7時55分の切符をください。

駅員：はい, どうぞ。もし食事をしたいのでしたら, 駅の中にレストランがありますよ。

旅行者：ありがとう。そうするわ。どこかに手荷物を預けられるかしら。

駅員：手荷物預かり所はすぐそこの, 駅の端っこのところにあります。

④-3 通りで　P.54・55

STEP1-3 の解説

❶ **library**：City Library で「市立図書館」。city library と小文字でもよい。

❷ **of course**：この of は〔əf〕と発音する。

⑫ **How long ～?**：期間をたずねるほかに, 物の長さをたずねるのにも使うことができる。

⑬ **I see.**：「なるほど」という日本語をあてることもある。

⑮ **Not at all.**：You're welcome. のややくだけた言い方になる。

• その他 •

● **straight**：「まっすぐに」の意味の副詞。

● **on your right**：「右〔左〕側に」は on one's〔the〕right〔left〕となる。

▶▶▶ P.55の解答

答 (1) tell me the way to

(2) ❷ ウ　❹ イ　❺ ア

(3) そこを右に曲がってください。そうすると(あなたの)右手に市立図書館があります。

考え方💡 (1) 人 = me。物 = the way ...。

(2) ❷ do で答えているので Do の質問。

❹ 所要時間をたずねるのは How long。

• 全 訳 •

少女が歩いています。

少女：すみません。市立図書館へ行く道を教えてくれませんか。

男性：いいですとも。向こうの信号が見えますか。

少女：はい, 見えます。

男性：そこを左に曲がってまっすぐに少し進みます。そうすると交差点に出ます。

少女：その交差点には信号がありますか。

男性：はい, あります。そこを右に曲がってください。そうすれば右手に市立図書館があります。すぐに見つかると思いますよ。

少女：どれくらいかかりますか。

男性：5分くらいです。ここから遠くありません。

少女：わかりました。ありがとうございます。ご親切にありがとう。

男性：どういたしまして。

④-4 図書館で　P.56・57

STEP1-3 の解説

❷ **on**：about より専門的なことに使うことが多い。

❹ **close**：〔klóus〕と発音すると「近い」の意味の形容詞なってしまう。

❻ **open**：「開く」という動詞にも使う。

❽ **borrow**：反意語は lend(貸す)。

⑪・⑫ **a.m., p.m.**：大文字で使うこともあるが, いずれも時刻のあとにつける。

⑭ **librarian**：library clerk と言うこともある。

• その他 •

● **week**：同じ発音で weak とつづると「弱い」。

▶▶▶ P.57の解答

答 (1) ❶ 私はオーストラリアの動物に関する本を探しています。

❷ 一度に何冊の本を借りられるのですか〔借りることができますか〕。　(2) ア, ウ, オ

考え方💡 (1) ❶ look for ～で「～を探す」。

❷ at a time で「一度に」。

• 全 訳 •

フレッド：すみません。オーストラリアの動物に

15

関する本を探しているのですが，どこにあります
か。

図書館員：あの大きな机のうしろに動物の本があ
りますよ。　…

フレッド：一度に何冊借りられるのですか。

図書館員：3冊です。それから2週間以内に返却
しなければいけません。

フレッド：1週間のうちではいつ閉館しているの
ですか。

図書館員：毎週月曜日です。この図書館は，月曜
日を除いて毎日午前9時から午後9時まであいて
います。

フレッド：わかりました。どうもありがとう。

④-5　病院で　　　　　　　　P.58・59

STEP1-3 の解説 ……………………………………

⑤ **early**：反意語は late（遅く）。

⑥ **hospital**：be in the hospital で「入院してい
る」，leave the hospital で「退院する」の意味。

⑨ **leg**：ももの付け根から足首までの部分を指
す。足首から先は foot。

⑪ **That's too bad.**：It's too bad. とも言う。

⑬ **left**：「左」の left とつづりも発音も同じ。

⑭ **You mean ～?**：mean は「意味する」の意。

▶▶ P.59の解答

答 (1)　ウ

(2)　❷　ああ，それはいけませんね。

❸　私は今日の午後彼の見舞いに行くつもりです。

(3)　イ　　(4)　明は今朝早く退院したから。

考え方💡(1)　脚を折る状況としては，選択肢の中
では，食べたり読んだりしているときで
は不自然。

(2)　❸　be going to ～は「～するつもり
だ」の意味で未来の予定を表す。

(3)　Will you ～? の「～しませんか」の文
にする。

(4)　He left the hospital early this
morning. とある。

・全訳・

遼：明が入院してるって知ってた？

フレッド：いや，知らなかった。どうしたんだい？

遼：フットボールをしているときに右脚を折った
んだ。

フレッド：ああ，それはいけないね。

遼：今日の午後見舞いに行くけど，きみもいっし
ょに行かない？

フレッド：ああ，行くよ。

（病院で）

遼：すみませんが，明の病室はどこですか。

看護師：木村明さんのことですか。彼には会えま
せんよ。

フレッド：彼のけがはそんなにひどいのですか。
明日なら会えますか。

看護師：明日も無理ですね。今朝早く退院したの
よ。

④ まとめのテスト　　　　　　　P.62・63

1 答 (1)　病院　　(2)　動物　　(3)　曲がる

(4)　列車，電車　　(5)　レストラン

(6)　郵便（物）　　(7)　難しい　　(8)　暖かい

(9)　room　　(10)　stamp　　(11)　close

(12)　open　　(13)　library　　(14)　find

(15)　right　　(16)　far　　(17)　arrive[get]

(18)　send

2 答 (1)　early　　(2)　left　　(3)　sea

(4)　easily　　(5)　short　　(6)　borrow

考え方💡(4)　y を i にかえて ly。

3 答 (1)　What were you looking for in that
room?

(2)　How many schools are there in your
town?

考え方💡(1)　「～を探す」＝ look for ～。過去進
行形の疑問文。➡ 5

(2)　数をたずねる How many に there
are の疑問文を続けたもの。➡ 14

4 答 (1)　❶　and　　❷　in

(2)　(a)　They must walk three blocks.

(b)　They were born in France.

考え方💡(1)　❶　命令文のあとの and。

➡ 27・37

❷　(be) interested in ～で「～に興味
がある」の意味。

(2)　(a)　「通りに沿って2区画。左に曲
がってもう1区画」とある。4～5行目
に注目。

(b)　「フローレンスの祖父母はどこで生
まれましたか」が質問の意味。14～15
行目に注目。

全訳

　フローレンスは通りで1人の女性に話しかけます。フローレンスは友だちの綾香(あやか)といっしょです。

フローレンス：すみませんが，美術館へはどう行ったらいいのでしょうか。

女性：ええと。この通り沿いに2区画歩いて，それから左に曲がってください。さらに1区画歩いてください，そうすると美術館が見えます。見逃すことはありません。

フローレンス：どうもありがとうございます。

　フローレンスと綾香は今美術館の中にいます。

フローレンス：この美術館にはモネの絵がありますか。どこか教えてくれますか。

係員：はい，5階にあります。あそこのエレベーターをご利用いただけますよ。

綾香：ありがとうございます。フローレンス，あなたはモネの絵にとても興味があるようね。どうしてそんなにモネの絵が好きなの？

フローレンス：いい質問だわ！　日光の中の美しい花々を見ると，いつも私は祖父母の生まれた場所，フランスの小さな村を思い出すの。そこではたくさんの美しい花が見られると祖父母は言うの。私の名前はラテン語で「花」という意味なの。

綾香：まあ，知らなかったわ。いい名前ね！

フローレンス：ありがとう。

⑤ 電話で話そう

⑤-1　そちらの天気はどうですか　P.64・65

STEP1-3 の解説

② **mean**：What do you mean? で「どういうことですか」の意味。

③ **rain**：「雨」という名詞としても使う。

⑤ **snow**：「雪」という名詞としても使う。

⑦ **sunny**：sun(太陽)の形容詞形。

⑧ **cloudy**：cloud(雲)の形容詞形。

・その他・

●**How are you doing?**：「調子はどうですか」「どうしていますか」の意味で，How are you? とほとんど同じ。

●**began**：begin の過去形。

●**e-mail**：ここでは「Eメールをする」という意味の動詞。

▶▶▶ P.65の解答

答 (1)　アー4　　イー1　　ウー2　　エー3

(2)　イ

(3)　私たちに加わりませんか〔私たちの仲間に入りませんか〕。　(4)　Yes, is

考え方 (1)　sunny → cloudy → raining → snow の順になる。

(4)　最後の2行が表す内容を考える。

・全訳・

直美：もしもし，健。

健：やあ，直美。元気にやってますか。

直美：天気を除けばすべて順調よ。

健：どういうこと？

直美：今朝は晴れてて，午後になってくもり始めて，今はひどい土砂降りなの。天気予報では夜には雪になるそうよ。明日の朝には晴れあがっているといいけど。ところでそちらの天気はどう？

健：いい天気が続いているよ。今度の日曜日には家族とピクニックに行く予定なんだ。いっしょにどう？

直美：あら，ありがとう。ぜひ行きたいわ。あとでその計画の細部をメールで送っておいてください。

⑤-2　明日お会いしましょう　P.66・67

STEP1-3 の解説

① **before**：前置詞や接続詞としても使われることを確認しておこう。

⑥ **phone**：telephone を短くした語で，こちらもよく使われる。

⑦ **quite**：形容詞の quiet(静かな)と混同しないように。

⑨ **wear**：衣服だけでなく，くつやめがね，香水など幅広く使われる。

⑩ **glasses**：「めがね」の意味では複数形にする。

・その他・

●**Why don't we 〜?**：自分も含めて「(いっしょに)〜しましょうか」と誘う文になる。= Shall we 〜? / Let's 〜.

●**What about 〜?**：= How about 〜?

●**brown**：「茶色(の)」の意味。

●**Let me see.**：「ええと」「そうですね」の意味で，とっさに言葉が出てこないときの表現。

●**dark blue**：「濃い青色」→「濃紺」。

- **pink**：「ピンクの，桃色の」の意味。
- **gray**：「グレーの，灰色の」。grey ともつづる。
- **... recognize you all right**：all right は副詞句としてこのように「きちんと，まちがいなく」の意味でも使うことができる。

>>> **P.67の解答**

答）(1) ❶ （私は）あなたとお会いするのを楽しみに待っています〔楽しみにしています〕

❹ あなたは何を着るつもりですか。

(2) Shall　(3) ア　(4) ウ

考え方）(1) ❶ to のあとに動詞を続けるときは～ing の動名詞にする。

(3) 「どうやったらあなただとわかりますか」の質問に背たけなどを答えている。ウの understand には「見分ける」の意味はない。

(4) ウ I'm quite tall, and I have straight black hair とある。

・全訳・

　メアリーはある少女に会う予定です。これまでその子に会ったことはありません。2人は電話で話しています。

メアリー：あなたと会うのを楽しみにしているわ，ジェニー。ニュー東京ホテルでお昼を食べましょう。3階で会いませんか。

ジェニー：それでいいわ。正午じゃどうかしら。

メアリー：いいわ。あっ，でもどうやってあなただってわかるかしら。

ジェニー：ええと，私はとても背が高くてまっすぐの黒い髪をしているわ。あなたはどうかしら？

メアリー：茶色の髪で，めがねをかけてるわよ。

ジェニー：何を着てくるのかしら？

メアリー：ええと。そうだわ。濃いブルーのスーツよ。あなたは？

ジェニー：ええと，ピンクのシャツにグレーのスカートよ。

メアリー：わかったわ。すぐにあなたがわかると思うわ。じゃあ，明日。

ジェニー：バイバイ。

5-3　もう1つの誕生日　　　P.68・69

STEP1-3 の解説

❶ **one day**：未来の「ある日，いつか」にはふつう some day を使うが，one day も使う。

❷ **call**：「電話をかける」という動詞にも使う。

❸ **hope**：「希望」という名詞としても使う。

⑫ **difference**：形容詞形は different でその名詞形。

・その他・

- **This is ～ speaking.**：電話で特有の表現。「こちらは～です」の意味。
- **after my birthday party**：after は前置詞で「～のあと」の意味。

>>> **P.69の解答**

答）(1) ❶ 日本とアメリカの間には大きな時差があります。

❸ もし私が日本での誕生パーティーのすぐあとにニューヨークに飛行機で行けば，そこで同じ日にもう1回誕生パーティーが開けます。

(2) イ　(3) ア，ウ

考え方）(1) ❶ between ～ and ... は場所だけでなく，時間についても使える。

❸ fly to ～は「～へ飛んで行く」→「～へ飛行機で行く」の意味になる。

(2) 日本が日曜日の朝のときに，ニューヨークでは土曜日の夕方である。

(3) ア Thank you for sending me the beautiful ... とナンシーの発言にある。

ウ 日本では25日の日曜日の朝だから，ニューヨークではその前日の土曜日の24日ということになる。

・全訳・

　真理子はニューヨークに友だちがいます。名前はナンシーです。ある日真理子に彼女から電話がかかってきました。

真理子：もしもし。おはようございます。真理子です。

ナンシー：こんばんは，真理子。ナンシーよ。私の誕生日に美しい日本人形を送ってくれてありがとう。

真理子：気に入ってくれるといいけど。

ナンシー：大のお気に入りよ。あの，今あなた「おはよう」って言ったけど，こちらでは土曜日の夕方なのよ。日本では今何時なの？

真理子：11月25日，日曜日の朝の9時よ。日本とアメリカではずいぶんと時差があるのね。1日はニューヨークよりも日本のほうが早く始まるのね。日本での誕生パーティーのすぐあとにニュー

18

ヨークに飛べば，そこで同じ日にもう1回誕生パーティーが開けるわ。

ナンシー：ええ，そうしたらどう。プレゼントをさらにもう1個あげるわ。

5-4　**まちがい電話**　　P.70・71

STEP1-3 の解説 ⋯⋯⋯⋯⋯⋯⋯⋯⋯

② **wrong**：反意語は right（正しい）。

⑦ **I'd like to 〜**：I'd は I would の短縮形。would like to 〜は want to 〜の控え目な表現になる。

⑭ **I'm afraid 〜**：I'm afraid は文末においてもよい。〜の部分にはふつうよくないことがくる。

・その他・

●**at work**：「仕事中」の意味。このとき work に the などはつかない。

●**..., I think.**：I think (that) .... としてもよいが，このように文末に置くこともできる。

●**husband**：「夫」の意味。

P.71の解答

答 (1)　May［Can］

(2)　When will she come home?

(3)　彼女がもどってきたら電話がほしいのですが。

(4)　イ，エ

考え方 (1)　「ベティーさんをお願いします」に。

　　　(2)　When のあとは疑問文の語順。

　　　(4)　エ　ジョージはボブがベティーの夫であることを知らなかったのである。

・全訳・

　電話が鳴っています。ボブが受話器を取り上げます。

ジョージ：ベティーさんはいらっしゃいますか。

ボブ：すみませんが，ここにいません。仕事に出かけています。

ジョージ：いつもどりますか。

ボブ：1時間かそこらかと思いますが。

ジョージ：もどったら電話がほしいのですが。

ボブ：名前と電話番号を教えてください。

ジョージ：ジョージです，彼女のボーイフレンドの。ぼくの番号は彼女が知っています。

ボブ：おや，あなたはきっと電話番号をまちがえたのでしょう。

ジョージ：ぼくが話したかったのはベティー・クラークさんですよ。

ボブ：あれまあ！

ジョージ：あなたは彼女のお兄さんですか。

ボブ：いや。本当のところ，ぼくは彼女の夫です。

5-5　**緊急事態**　　P.72・73

STEP1-3 の解説 ⋯⋯⋯⋯⋯⋯⋯⋯⋯

⑦ **hurt**：過去・過去分詞形も同じ形。

⑭ **calm**：発音注意。l は発音しない。

・その他・

●**〜 or something**：「〜か何か」の意味。疑問文や否定文では anything を使う。

P.73の解答

答 (1)　right now

(2)　自分の家が燃えている〔火事になっている〕こと。

(3)　落ち着いて家から出てください。

(4)　ア，イ

考え方 (2)　下から3行目に注目する。

　　　(3)　〈命令文, and ...〉の文ではない。命令文が2つある文。

・全訳・

声：交換手！　交換手！

交換手：はい交換手です。何がありましたか。

声：はい，交換手さん…！　この電話は自宅からで，チェスターロードの6241です。すぐに救急車か何かをよこしてください。

交換手：だれかがひどくけがをしたのですか。

声：助けが必要なんです。あの，あの…。

交換手：もしもし！　救急車は呼びますが，何があったのですか。

声：緊急事態なのです。

交換手：どうしたのですか。

声：家が燃えているのです。

交換手：火事ですって！　落ち着いて家から出てください。すぐに消防車をやりますから。

5 **まとめのテスト**　　P.74・75

1 答 (1)　燃える　　(2)　電話　　(3)　事実

(4)　鳴る　　(5)　贈り物

(6)　飛行機で行く，飛ぶ　(7)　人形

(8)　正午　(9)　hair　(10)　dark

(11)　rain　(12)　sunny［fine］　(13)　hard

(14)　fire　(15)　begin［start］　(16)　before

(17)　give　(18)　wrong

2 答 (1)　husband　(2)　same　(3)　met

(4) phone　(5) hurt　(6) got

考え方 (3)・(5)・(6)　過去形に。

3 答 (1) This bus runs between Shibuya and Shinjuku.

(2) I'm looking forward to seeing you again.

考え方 (1) 「～と…の間」＝ between ～ and....。

4 答 (1) ❶ leave　❹ thinking

(2) イ

(3) (今日は)ティムの誕生日だから。

(4) (a)　at school

(b)　be late / not come in time

考え方 (1) ❶　伝言を「残す」の意味の leave。

❹　前置詞 for のあとなので，～ ing 形の動名詞にする。think of ～で「～のことを考える，思い出す」の意味。

(2) 「もしチョコレートかバニラが好きなら，1時前に折り返し電話してください」　1時まで学校にいて，2時ごろティムの家に着きそうと言っているので，3時以降は意味をなさない。

(3)　直後の文に注目。

(4) (a)　「今ボブはどこにいますか」が質問の意味。ボブの発言の2行目に注目。

(b)　「なぜボブはティムに電話しているのですか」が質問の意味。「遅れる，間に合わない」という内容の英語を考える。

・全訳・

ティムの声：もしもし，こちらはティムです。申し訳ありませんが，電話に出ることができません。発信音のあとにメッセージをお願いします。

ボブ：もしもし，ティム。きみの新しいコンピュータの手伝いで，今日の10時30分にきみの家に行くと言いました。ぼくはクラブの練習でまだ学校にいます。1時までここにいなければならないと思います。きみの家には午後…2時ごろに着くでしょう。もう1つ！　途中でケーキ屋さんに寄ります。どうしてかって？　それは今日がきみの誕生日だからです。もしチョコレートとバニラでどっちかほしいのがあったら，1時前に折り返し電話してください。

ティム：ぼくのことを考えてくれてありがとう。ぼくはチョコレートもバニラも大好きです，だからどちらでも最高です。ぼくの誕生日を覚えてく

れて，ぼくはとてもうれしいです。じゃあ，あとで。

6 物語①

6-1 立たないでください　P.76・77

STEP1-3 の解説

2 get on ～：乗用車やタクシーには get into [in] ～を使う。

4 get off ～：乗用車やタクシーには get out of ～を使う。

11 get up：「起きる」の意味でもよく使う。

13 men：women は woman の複数形。

・その他・

● **basket**：「かご」の意味。

● **newspaper**：「新聞」の意味。

● **look up**：「見上げる」の意味。

● **working**：形容詞で「働いている」の意味。

● **madam**：女性に対するていねいな呼びかけ。

P.77の解答

答 (1) ❶　ブラウン氏は新聞を読んでいて，彼女が見えませんでした。

❷　その婦人は彼をすばやく彼の席に押しもどしました。　(2) イ　(3) ア，ウ

考え方 (1) ❷　it は his seat を指す。

・全訳・

2，3のバス停が過ぎると，大きなかごを持った老婦人がバスに乗りました。空いている席はありませんでした。彼女はブラウン氏のすぐそばに来て立ちました。

ブラウン氏は新聞を読んでいて彼女が見えませんでした。その婦人が彼のそばに来て立ってから数秒後に，彼は顔をあげ，新聞をポケットにしまい，座席から立ち上がろうとしました。その婦人は彼をすばやく席に押しもどしました。

彼は再び立ち上がろうとしましたが，やはりその婦人は彼を席に押しもどしました。それから彼女は「どうか立たないでください。私は働いています。あなたも働いています。今は男も女も平等です」と彼に言いました。

しかしブラウン氏は怒ったように彼女を見て言いました。「今度は本当に立ち上がりますよ，奥さん。次のバス停で降りるんだから」。

STEP1-3 の解説 ‥‥‥‥‥‥

① **woman**：複数形は women。発音も［wímin］に変わる。

③ **hat**：ふちの無いぼうしは cap という。

⑪ **try ～ on**：～にくる語が them などの代名詞のときは必ずこの語順にする。

⑮ **choice**：choose（選ぶ）の名詞形。

・その他・

● **older**：old の比較級で，ここでは「年配の」の意味。older のほうがやわらかい表現。

● **went**：go の過去形。

● **came**：come の過去形。

▶▶ P.79の解答

答 (1) almost every month

(2) brought

(3) ジョーンズ夫人が赤いぼうしを（買おうと）選んだこと〔選んだ赤い帽子〕。

(4) sell it to me

(5) ウ

考え方💡 (1) 〈almost ＋ every ＋名詞〉の語順。

(2) bring の過去形は brought。あとの tried に注目する。

(3) 9～10行目に注目する。

(4) 直前の but 以下に注目する。you → me に注意。

(5) 直後に「あなたはそのぼうしをかぶって店に入ってきました」とあるので，「このぼうしはあなたの〔あなたがもともとかぶってきた〕ものです」が適切。

・全 訳・

エミリー・ジョーンズ夫人は 70 歳くらいのご年配の女性で，ぼうしが大好きです。新しいぼうしをほとんど毎月買います。

先週，彼女は新しいすてきなぼうしを買いに町へ出かけました。ぼうし屋さんに入って，店員の 1 人に「すてきなぼうしを買いたいのですが。いくつか見せてください」と言いました。

店員は彼女にたくさんのぼうしを持ってきて，ジョーンズ夫人はそのすべてを次から次へとかぶってみました。しかし，彼女は 1 つに決めることができませんでした。1時間かそこらしてから，彼女は「まあ，この赤いぼうしはとてもいいわ。

それを私のところに届けてくださる？」と言いました。彼女は自分が選んだものにとても満足していました。

そうすると店員が彼女に言いました。「このぼうしをあなたに送り届けることはできますが，あなたにお売りすることはできません！」「どうしてできないの？」とジョーンズ夫人がたずねました。「このぼうしはあなたのものだからです。あなたはそれをかぶって店に入ってらっしゃいました」と店員が答えました。

⑥-3 | 私の古い人形 ▶ P.80·81

STEP1-3 の解説 ‥‥‥‥‥‥

④ **remember**：反意語は forget（忘れる）。

⑤ **smile**：「ほほえむ」という動詞にも使う。

・その他・

● **take ～ back to …**：「～を…に返す」の意味。

● **left**：leave（置き忘れる）の過去形。

▶▶ P.81の解答

答 (1) in (2) love it

(3) 彼女はすてきな人形を（彼女に）くれたことに対してお父さんに再び感謝しました。

(4) (a) No, she didn't[did not].

(b) Her mother's friend did.

考え方💡 (4) (a) 「最初あまりうれしくなかった」とはあるが，取りかえてはいない。

(b) It was a present from my mother's friend. とある。

・全 訳・

誕生日にその人形をもらったときナンシーはあまりうれしくありませんでした。トムは「もし気に入らないなら，店に持って行って取りかえればいい」と言いました。彼女はお父さんに感謝してそれを居間のピアノの上に置きました。

2，3日後，おばあさんが家に来てピアノの上の人形を見ました。彼女はそれにとても興味を示し，自分の話をし始めました。彼女は言いました「子どものころこんな人形を持っていたのよ。母の友だちからの贈り物だったの。とても気に入ってたわ。出かけるときも持ち歩いたの。でもある日，公園に置き忘れて，見つけられなかったの。何日も泣き通しだったわ。ときどきそのことを思い出すのよ」。それから彼女はその人形をじっと見つめて，そこに「メアリー」という自分の名前を

見つけました。「これは私のだわ！ …私の古い人形にまた会えたわ！ ナンシー，あなたが大好きになってくれればいいけど」。「好きになるわ。本当にとてもすてきな贈り物よ」とナンシーはほほえんで言いました。彼女はすてきな人形をくれたことに対してお父さんに再び感謝しました。

⑥-4 太陽に行こう！　P.82・83

STEP1-3 の解説

❷ **on TV**：TV の前には a も the もつけない。

❹ **sun**：son（息子）と同じ発音になる。なお，moon, earth, sun はふつう the をつけて使う。

⓫ **I hear 〜**：I hear that 〜の that が省略されている。

・その他・

● **American**：名詞で「アメリカ人」，形容詞で「アメリカ（人）の」の意味。

● **men**：man（男の人）の複数形。

● **heard** [hə́ːrd]：hear（聞く，聞こえる）の過去形。

● **too**：形容詞や副詞の前の too は「あまりに〜，〜すぎる」の意味。

▶▶ P.83の解答

答 (1) nineteen sixty-nine

(2) ❷ 2人の男性がある部屋でそれをテレビで見ていました。

❸ 2，3年〔数年〕もすれば，彼らは太陽に宇宙飛行士を送ることができるようになるでしょう。

(3) to hear

(4) 日中ではなく，夜間に太陽に行くということ。

考え方 (1) 西暦は原則的に2ケタずつに区切るので，19 と 69 に分けて読む。

(2) ❷ 過去進行形は，「〜していました，〜しているところでした」の意味で，過去に進行中の動作を表す。

❸ will と can を続けて使うことはできないので，will のあとに be able to が続く形になっている。

(3) 「〜して」の意味を表す副詞的用法。

(4) 直後の文をまとめればよい。

・全訳・

1969 年，1人のアメリカ人宇宙飛行士が今にも月の表面に立とうとしていました。2人の男性

がある部屋でそれをテレビで見ていました。

「アメリカ人はとても利口だと思わないか？ 月に人間を送りこむことができるんだぜ。地球からはずいぶんと遠いんだよ」と1人が言いました。

「いやあ，そんなの大したことじゃないよ。2，3年もすれば，宇宙飛行士を太陽に送りこむこともできるようになるさ。それってずっと遠いんだよ」ともう1人が言いました。

最初の男性はそれを聞いて驚きました。「ああ，でも太陽って人間には熱すぎるって聞いてるぞ」

「その通り。でも，ぼくにはいい考えがあるんだ。太陽には日中には行かないで，夜になってから行くんだよ」

「ああ，きみってとてもに利口なんだね」

⑥-5 ポニー　P.84・85

STEP1-3 の解説

❷ **a little(money)**：数えられない名詞の前に使う。

数えられる名詞の前には a few 〜。

❻ **country**：「いなか」の意味では the をつける。

・その他・

● **town**：日本語の「町」よりも大きな都会を指すこともある。

● **need**：「必要とする」の意味。

▶▶ P.85の解答

答 (1) 2年後彼のお父さんはいなかに新しい仕事を得て，家族はそこの家に住むために行きました。

(2) for

(3) (a) （家の庭はせますぎるし）ポニーには（広い）野原が必要だから。 (b) 引っ越した家にはすてきな庭と野原があったから。 (c) 美しいポニー。

考え方 (1) the country は「いなか」の意味。

(2) buy や make には for を使う。

・全訳・

マイクはかわいい男の子でした。ニュージーランドのある町に両親と住んでいました。

マイクは動物が大好きでした。ある日の夕方，彼はお父さんに「少しお金があるけど，ポニーが買えるかな，パパ」と言いました。

しかしお父さんは「いや，マイク，この庭でポニーは飼えないよ。せますぎるからね。ポニーには野原が必要なんだよ」と答えました。

2年後にお父さんはいなかに新しい仕事を得

て，家族がそこに行って住みました。そこにはすてきな庭と野原がありました。マイクは再びポニーのことを考え始めました。

「ぼくの誕生日は来月だ。そのときたぶんお父さんがぼくにポニーを買ってくれるかもしれない」と考えました。彼は両親にまたポニーについて話しました。

それから彼の誕生日がやって来ました。でもポニーは来ませんでした。マイクは悲しかった。

その日の午後，マイクはおじさんの農場に招待されました。

「やあ，マイク，誕生日おめでとう。これはきみのご両親からのプレゼントだよ」とジョンおじさんが言いました。それは美しいポニーでした。

6 まとめのテスト　▷ P.88・89

1 答 (1) 野原　(2) お金　(3) 見せる
(4) 叫ぶ，泣く　(5) 席，座席　(6) 親
(7) 地球　(8) 〜のそばに〔の〕
(9) push　(10) garden　(11) sad
(12) invite　(13) farm　(14) sun
(15) woman　(16) store〔shop〕
(17) story　(18) smile

2 答 (1) thought　(2) hour　(3) saw
(4) remember　(5) men　(6) best

考え方 (5) 複数形に。　(6) 最上級に。

3 答 (1) There was a little snow on the field.
(2) I was surprised to hear the news.

考え方 (1) snow は数えられない名詞。▶13・35　(2) to hear は原因を表す副詞的用法の不定詞。▶22

4 答 (1) しかし彼が家に着くと，お母さんは彼が夕食に遅れたのでとても怒っていました。
(2) （大きな木の下で待っている妖精にルーカスが）本をあげるという約束。
(3) heard
(4) 40年間も妖精が約束を守って待っていてくれたから。　(5) take

考え方 (1) be late for 〜で「〜に遅れる」の意。

・全訳・

ある日森で妖精が小さな男の子を助けました。彼の名はルーカスといいました。ルーカスはその妖精のために何かをしてあげたいと思い「あなたに何かしてあげられることはありますか」とたず

ねました。妖精は「何かほしい」と答えました。「では，ぼくの本をあげましょう。あの大きな木の下で待っててください。すぐにもどります」とルーカスは言いました。それから彼は本を取りに家に帰りました。しかし彼が家に帰ると，お母さんは彼が夕食に遅れたので大そう怒っていました。それで彼は約束を忘れてしまいました。

40年が過ぎました。ルーカスは一生けんめい働いて金持ちになりました。ある日の夕方家に向かって車を運転しているとき，妖精との約束を思い出しました。彼は本を1冊持って急いで森へ向かいました。

森の中はすべてもとのままでした。大きな木はまだそこにありましたが，木の下には何も見えませんでした。そのとき彼は「こんにちは，ルーカス！　私はここよ」という声が聞こえました。妖精はまだそこにいたのでした！　涙がルーカスのほほを流れ落ちました。彼は「本当にごめんなさい。でも不思議ですね！　私にはあなたが見えません。あなたは私が見えるのですか」と言いました。妖精は「ええ，もちろんよ。妖精は決して年を取らないの。あなたはもう子どもではないから私を見ることはできないの。私に本を持ってきたの？」と答えました。「はい，ここにあります」。妖精は本を取って言いました「ありがとう。もう行かなくちゃ。さようなら」。ルーカスは「待ってください！　お願いです！」と叫びました。でも返事はありませんでした。森の中は再び静かになりました。

セクション 7 物語②

7 -1 | 男か女か？　▷ P.90・91

STEP1-3 の解説 ……………………

④ **daughter**：対になる語は son（息子）。
⑥ **difficult**：同意語は hard，反意語は easy（簡単な）。
⑪ **person**：男性にも女性にも使える。
⑮ **loose**：発音に注意。[-z]ではない。

・その他・

● **kinds**：この kind は「種類」の意味の名詞。
● **Washington**：「ワシントン」。ここではアメリカの首都と考える。

≫≫ P.91の解答

答 (1) walking

(2) だぶだぶのズボンをはいた長い髪のあの人があなたに見えますか。

(3) daughter　(4) her mother　(5) father

考え方💡 (1) enjoy は不定詞を目的語にすることはできない。動名詞にする。

(2) with には「～を身につけて，～がある」などの意味も表す。

(5) 「母親」でなければ「父親」になる。

・全 訳・

アメリカでは多くの男女が同じような服を着て，長い髪をしています。それで，ときどき男か女か見分けるのが難しいことがあります。

ある日，老人がワシントンの公園に行きました。彼はしばらくの間，池のまわりを歩いて楽しみました。疲れてベンチに腰をおろしました。若い人が池の反対側に立っていました。

その老人は同じベンチの人に「だぶだぶのズボンをはいた長い髪のあの人が見えますか。あれは男ですか女ですか」と言いました。

「女です」とその人は言いました。「彼女は私の娘です」。

「ああ，失礼しました。あなたが彼女のお母さんとは知りませんでした」とその老人は急いで言いました。

その人は「いいえ，そう〔母親〕ではありません。私は彼女の父親です」と言いました。

⑦-2 証人　P.92・93

STEP1-3 の解説 ………………………

③ **lots of ～**：a lot of ～と同じ。

⑤ **wife**：複数形は wives になる。

・その他・

● **rich**：反意語は poor（貧乏な）。

● **suddenly**：「突然に」の意味の副詞。

● **several**：「いくつかの」の意味の形容詞。

● **at once**：「すぐに，ただちに」の意味。

≫≫ P.93の解答

答 (1) エ

(2) asked the servants a lot of questions

(3) ジョンソン氏はひとりのときよくひとり言を言いましたか。

(4) (a) No, she wasn't[was not].

(b) ジョンソン氏のお金がほしかったから。

考え方💡 (2) 人 = the servants，物 = a lot of

questions。

(3) talk to oneself で「ひとり言を言う」の意味。なお，一般に say to oneself は「心の中で思う」の意味になる。

(4) (a) 「ジョンソン氏が死んだとき奥さんは生きていましたか」が質問の意味。

・全 訳・

ジョンソン氏はお金持ちの老人でした。いなかのりっぱな家にたくさんの召し使いを従えて住んでいました。しかし妻は死に，子どもはいませんでした。

それから彼は突然亡くなり，人々は「召し使いたちが彼を殺したのだ，金をほしがっていたからだ」と言いました。

しかし召し使いたちは「いや，彼は自殺したのです」と言いました。

警察が来て，召し使いたちにたくさん質問をしました。数週間後に大きな裁判が開かれました。2人の有名な弁護士と数人の重要な証人がいました。

弁護士の1人がある証人に「教えてください。ジョンソン氏はひとりのときよくひとり言を言いましたか」と言いました。

「知りません」と証人は即座に答えました。

「知らないって？」と弁護士は怒ってくり返して言いました。

「知らない？　でもあなたは彼の一番の友だちだったんでしょう。どうして知らないのですか」

「それは彼がひとりのときは，私は彼といっしょにいることは決してありえなかったからです」とその証人は答えました。

⑦-3 あなたはまだ…？　P.94・95

STEP1-3 の解説 ………………………

② **be able to ～**：過去形では was[were] able to，未来では will be able to の形になる。

⑫ **on one's way to ～**：one's の所有格の代わりに the を使うこともある。

⑮ **on one's right[left]**：同様に one's の代わりに the を使うこともある。

・その他・

● **one day**：ここでは過去の「ある日」の意味。

● **thought**：think（考える）の過去形。

● **far**：「遠い」の意味の形容詞。この意味では，否

24

定文や疑問文に使われることが多い。

● **decide to ～**：「～すると決める，決心する」。
decide の目的語には不定詞を使う。

》》 P.95の解答

答 (1) by

(2) （目的地の）会社が駅から遠くないから。

(3) 彼はニューヨークに着いてその会社を見つけようとしましたが，１時間後にも彼はまだそれを探していました。 (4) could

(5) ジャックが数日前からずっと同じ場所を探していると思ったから。

考え方♡ (1) 交通手段を表すのは by。

(3) get to ～で「～に着く」，look for ～で「～を探す」の意味。

(4) can の過去形の could。

(5) 老婦人の「あなたはまだあの場所を探しているのですか」をヒントにする。

◇・全 訳・◇

ジャックは小さな町の会社で働いていました。ある日課長が「ジャック，ニューヨークに行って，ブラウンさんに会ってくれ。ここに彼の会社の住所がある」と彼に言いました。

ジャックは列車でニューヨークに行きました。ニューヨークに行く途中で彼は「会社は駅から遠くないから，すぐに見つかるだろう」と考えました。

彼はニューヨークに着いてその会社を見つけようとしましたが，１時間たってもまだ彼は探していました。そのとき彼は１人の老婦人を見て，彼女に道をたずねることにしました。「この通りをまっすぐに行って，２つ目の角を左に曲がれば，右手にその会社はありますよ」と彼女は教えてくれました。ジャックは数分歩いて見つけました。

２，３日後，彼は同じ市に来ていました。しかし，また会社を見つけることができませんでした。そこで彼はある人に道をたずねました。それは（この前と）同じ老婦人でした！　彼女はとても驚いて言いました。「あなたはまだあの場所を探しているのですか」。

⑦-4　忘れずに～　　　　　P.96・97

STEP1-3 の解説 ………………………

① **forget**：forget to ～で「（これから）～することを忘れる」，forget ～ing で「（過去に）～したことを忘れる」の意味になる。

⑤ **mail**：名詞で「郵便（物）」の意味もある。

》》 P.97の解答

答 (1) ① （ジョーンズ夫人が渡した）手紙のこと。

④ ジョーンズ氏の背中にはってあった大きな紙。

(2) forget to mail

(3) 手紙を投かんしたのに再び手紙について聞かれたから。

(4) 夫人の手紙が（ジョーンズ氏のポケットにとどまらずに）無事にポストに入れられた〔投かんされた〕ということ。

考え方♡ (1) ① letter を指す。 ④ a large piece of paper を指す。

◇・全 訳・◇

ジョーンズ氏は仕事に行くところでした。彼の奥さんが彼に手紙を渡しました。彼女はよく彼に投かんしてもらうように手紙を渡していました。「バス停に行く途中でこれをポストに入れてください」と彼女は言いました。「忘れないようにするよ」と彼は答えました。「自分がいつも忘れるのは知っていますよ。でもこの手紙は忘れずに投かんしますよ」。ジョーンズ夫人はほほえみました。「私も忘れないと思うわ」と彼女は言いました。ジョーンズ氏はその手紙をポケットに入れて出かけました。

ジョーンズ氏は通りをゆっくりと歩いて行きました。間もなく男の人がうしろから近づいて来ました。通りすぎると，その男の人は振り返ってほほえみました。「手紙を出すのを忘れないようにね」と彼は言いました。それから女の子が通りすぎました。彼女も振り向いてほほえみました。「さあ手紙を思い出して」と彼女は言いました。ジョーンズ氏は「なぜ彼らは私にほほえむのだろう？　それに投かんする手紙を持っているとなぜ彼らは知っているのだろう」と思いました。

ついに彼はポストのところまで来ました。手紙を投かんしてから歩き始めました。でも再び女性が彼に話しかけました。「手紙は出しましたか」と彼女はたずねました。「ええ，出しましたよ。今しがた投かんしたところです」とジョーンズ氏は言いました。でも今回は彼はとても不機嫌になりました。「それではこれをあなたの背中から取っていいですね」とその女性が言いました。彼女は，ジョーンズ氏の背中から大きな紙片を取って彼に見せてあげました。それには「『手紙を出すのを忘

れないように』と彼に言ってください」と書いてありました。ジョーンズ夫人の手紙は彼のポケットにとどまっていることはありませんでした！

🟠7-5 私のホテルはどこ？ P.98・99

STEP1-3 の解説 ‥‥‥‥‥‥‥

❶ fly：不規則動詞→**13**。

❷ work：「仕事」の意味では数えられない名詞なので，s をつけて複数にはできない。

❸ stay：〈stay at ＋場所〉，〈stay with ＋人〉を使い分ける。

❾ as soon as ～：～の部分には主語と動詞のある文がくる。

⓬ e-mail：email とつづることもある。

⓮ thing：所有格＋ things(複数形) で「～の持ち物，所持品，身の回りの物」の意味になる。

┌──────── **・その他・** ────────┐

● **wife**：複数形は wives となる，

● **so**：接続詞で使うときは「それで，だから」の意味になる。

● **January 31st**：日付になるので，31st は thirty-first と読む。この前に the をつけることもある。

▶▶▶ P.99の解答

答 (1) ❶ say   ❷ knew   ❸ told
❹ got

(2) 3 → 1 → 4 → 2

┌─考え方💡─ (2) ニューヨークに着いてホテルの名前と電話番号を妻に伝えた→夕方公園に行ってから，ホテルで食事をしようと思った→タクシーに乗ったが，ホテルの名前が思い出せなかった→仕方なく妻に電話し，E メールでホテルの名前を送るように頼んだ。

┌──────── **・全訳・** ────────┐

（正しく並べかえたものです）

ジャックはロンドンに住み，そこで働いています。ある日，彼は妻に「来週ニューヨークへ行くことになったよ。そこでする仕事があるんだ」と言いました。

「どこに泊まる予定ですか」と妻がたずねました。

「まだわからないんだ」とジャックが答えました。

「そこに着いたらすぐに電話して，ホテルの名前を教えてください」と妻が言いました。

「わかった」とジャックが答えました。

③ 彼は 1 月 31 日にニューヨークへ飛び，大きな公園の近くにすてきなホテルを見つけました。彼は自分の荷物を自分の部屋に置いて，それから妻に電話してホテルの名前と電話番号を伝えました。

① 夕方には仕事がなくなったので，彼は外出して，公園内を散歩しました。9 時に「さあホテルにもどっておいしい夕食を食べよう」と思いました。

④ 彼はタクシーを見つけました。運転手は「どちらに行きたいのですか」と聞きました。しかしジャックはホテルの名前を思い出せませんでした。「ぼくはホテルの名前が思い出せない」と言いました。

② タクシーの運転手にはわからなかったのでジャックはロンドンの妻に電話をしなければなりませんでした。彼は「自分のホテルが見つからないんだ。E メールでぼくの携帯電話にホテルの名前を送ってください」と言いました。

🟠7 まとめのテスト P.102・103

1 答 (1) ホテル   (2) まっすぐに〔な〕
(3) 住所，あて先   (4) すぐに
(5) 重要な，大切な   (6) 殺す
(7) 難しい   (8) 池   (9) stay
(10) pocket   (11) dinner   (12) street
(13) famous   (14) enjoy   (15) hair
(16) other   (17) paper   (18) work

2 答 (1) wives   (2) foot   (3) flew
(4) dead   (5) himself   (6) daughter

┌─考え方💡─ (2) 複数形と単数形。
(4) 動詞形と形容詞形。

3 答 (1) He will be able to swim well next year.
(2) Did you see him on your way to school?

┌─考え方💡─ (1) will のあとに be able to を続ける。next year は文頭でもよい。
(2) 「～へ行く途中で」= on one's way to ～。

4 答 (1) more   (2) ウ   (3) stood
(4) 私の 2 人の息子は世界中のすべての宝石よりも私にとって<u>価値のある〔貴重な〕</u>ものです。

•全訳•

昔々，ローマに2人の少年がいました。

ある日お母さんが2人に「今日貴婦人がわが家に見えます。いっしょに食事をすることになっています」と言いました。

その婦人は午後にやって来ました。彼女は美しい宝石をいくつか身につけていました。少年たちはお母さんの友だちを見つめていました。年下の少年が兄に「ああ，あの婦人は本当にきれいだね」と言いました。

「ぼくたちのお母さんのほうがあの婦人よりもきれいだと思う」と年上の少年が言いました。

お母さんは息子たちのところへ来て「息子たちよ，私たちといっしょにごちそうを食べなさい」と言いました。

「はい，そうします」と年上の少年が言いました。

「彼女はすごいお金持ちに見えるね」と年下の少年が言いました。

「そうよ。彼女は宝石箱にもたくさん宝石を持っているのよ」とお母さんが言いました。

間もなく彼らはみんないっしょにごちそうを食べ始めました。ディナーが終わると，年下の少年が「あなたの宝石を見せてください」と言いました。

婦人は箱を開けて少年たちにいくつかの宝石を見せてくれました。彼女はお母さんに「これは貴重な宝石よ。あなたにこれをあげるわ」と言いました。

突然お母さんは立ち上がって「けっこうよ。私は貧乏ですが，貴重な宝石は持っているわ。私の子どもたちが私の宝よ。彼らは世界のすべての宝石よりも私にとっては価値があるものなの」と言いました。

 8 **学校生活**

8-1 | **12月の夏** P.104・105

STEP1-3 の解説 ……………………

1 **ninth**：つづりに注意。nineth ではない。

3 **late**：late January で「1月下旬」の意味。

11 **grade**：ninth grade で「第9学年」で，日本では中学3年生にあたる。

15 You mean 〜?：〜の部分には語句，文のいずれもくることができる。

▶▶▶ P.105の解答

答 (1) when does summer vacation start

(2) hot

(3) ① student ② surprised

③ season

考え方 (1) when のあとに一般動詞の疑問文の語順を続ける。
(2) 後半の cold も参考にする。

•全訳•

健：兄は中学3年生です。来月は高校生になります。

マイク：4月にってことですか。

健：そう。日本では学校は4月に始まります。

マイク：なるほど。私の国ではたいていは1月の下旬に始まります。

健：あ，本当ですか。それはおもしろいですね。マイク，オーストラリアでは夏休みはいつ始まるのですか。

マイク：もちろん12月ですよ。

健：うわ〜，12月に夏休み！

マイク：そう。ぼくの国では12月に夏が来ます。

健：じゃあ，日本で雪が降っているときにあなたたちは海で泳いで楽しむことができるのですね。

マイク：その通りです。

8-2 | **インターネット** P.106・107

STEP1-3 の解説 ……………………

4 **shoe(s)**：2つあって1足なのでふつう複数形で使う。

5 **safe**：名詞で「金庫」の意味もある。

6 **Internet**：the をつけて使う。

15 **invention**：invent（発明する）の名詞形になる。

•その他•

● 〜 or more：「〜かそれ以上」の意味。

● ... with the Internet：この with は「〜に関して」の意味。

▶▶▶ P.107の解答

答 (1) ウ

(2) スポーツや食べ物について多くの情報を見つけることができる。 / 本やくつを買うことができる。

(3) イ (4) information

考え方 (1) 2時間以上が20人で，クラスの40

人のうちの50%になる。

(4) ..., the Internet sometimes has bad or wrong information. を言いかえたものになる。

先週私はクラスの全員に「週に何時間インターネットを使いますか」とたずねました。グラフはその時間とそれぞれの項目の生徒の数を表しています。私たちのクラスには40人の生徒がいます。このグラフから私たちは，クラスの生徒の50%が週に2時間かそれ以上インターネットを使っていることが見て取れます。

インターネットはとても便利で今や私たちの生活の重要な一部をになっています。スポーツや食べ物について多くの情報を見つけることができます。また，本やくつを買うこともできます。

しかし，インターネットに関していくつか問題もあります。まず，長時間インターネットを使う人がいるということです。これは健康によくありません。次に，インターネットにはときどき害のあるあるいはまちがった情報があるということです。

インターネットはすばらしい発明ですが，まちがった使い方をすると安全なものではなくなります。私たちはインターネットを賢く使うべきです。

⑧-3 山の中の学校 P.108・109

STEP1-3 の解説 ....

⑤ **agree**：アクセントの位置に注意。

⑥ **more**：many，much の比較級。

⑫ **ask ... to ～**：to のあとには動詞の原形が続く。

⑬ **change**：「変わる」の意味にも使う。

⑭ **developing country**：「先進国」は advanced country という。

・その他・

● **70%**：% は percent[pərsént]のつづりと発音。

● **He was happy to see that ...**：to see は原因を表す副詞的用法の不定詞。that 以下が see の目的語になる。

▶▶▶ P.109の解答

答 ア ○ イ × ウ ○ エ ×
オ ○

考え方 ア 校長が言った内容に合う。

イ 「親も教育の大切さを知っている」とある。 ウ 第一段落の Then で始まる文と，次の文の内容に合う。 エ 机やいすではなく本を集めた。 オ 最後の文の内容に合っている。

あるアメリカ人の男性が休暇を楽しむために発展途上国へ行きました。ある日彼は山の中のある学校を訪れる機会がありました。そこの校長は「この国の70%の人々は読み書きができません。子どもたちは勉強したいと思ってますし，親も教育の大切さは知っています。でも机やいす，それに本がここには十分にはありません」と言いました。その男性は図書室を見て驚きました。というのは，そこには本がまったくなかったからです。それから校長は金庫から数冊の本を取り出しました。「これがここのすべての本です。でも，これらの本は学校にとってとても大切なものなので，生徒たちはふれることができません」。彼の言葉は男性にショックを与えました。校長はどんな本でも子どもたちのためになると言って，彼に本を送ってくれるように頼みました。男性は同意しました。

その男性はアメリカの友人たちに電子メールを送って，彼らに本を送るように頼みました。数か月後には彼は多くの本をたずさえてもどってきました。彼は，生徒たちが本を楽しんでいるのを見て幸せでした。そこで彼は発展途上国の学校の手助けをするためにもっと多くのことをしたいと思いました。子どもの教育は世界を変えることができると彼は言っています。

⑧-4 制服 P.110・111

STEP1-3 の解説 ....

⑤ **spend**：時間を「過ごす，費やす」の意味にも使われる。過去形は spent。

⑥ **wrong**：反意語は right（正しい）。

⑦ **feel**：過去形は felt。

⑩ **clothes**：複数扱いにする。

⑬ **be different from ～**：前置詞 from に注意。ただし，話し言葉では than を使うこともある。

⑭ **expensive**：反意語は cheap（安い）。

・その他・

● **it shows**：show は「見せる」の意味のほかに，「示す，表す」の意味にも使う。

答 (1) ❶ オ   ❷ イ   ❸ ウ

(2) 同じ服を着ると，他人と自分とは違うと思えない〔感じられない〕こと。

考え方💡 (1) ア　それはいい考えですね。
　　イ　それは問題ではありません。
　　ウ　私はほかの生徒とは違うようにしたいのです。 エ　私は勉強のしすぎです。
　　オ　私は私の学校の制服はとてもかわいらしく見えると思います。

・全訳・

　ある日保子と正明が学校の制服について話していました。

保子：毎朝自分が着るものを心配する必要がないので，私は学校の制服が好きよ。それに，私の学校の制服はとてもかわいいと思うわ。

正明：きみはそう思うの？　ぼくは学校の制服が好きじゃない。というのは，毎日同じ服を着なければならないから。服を選ぶっていうのはとても楽しいものだもの。

保子：あのね，そうなると親たちは衣服にたくさんのお金を使わなければならないのよ。

正明：それは問題じゃないよ。衣類は高くないもの。

保子：あなたはまちがっていると思うわ。それに，制服は私たちがみな同じ学校の生徒だということを示してくれるから，私は学校の制服が好きなの。

正明：ええとね，ぼくはほかの生徒と違うふうになりたいんだ。もし同じ服を着ていたら，自分が違っていると感じられないだろう。

保子：そうは思わないわ。たとえ同じ服を着ていても，違うふうにはなれるわ。

⑧-5　私たちの学校　　　　　P.112・113

STEP1-3 の解説 ………………………………

❶ **junior high school**：「高校」は high school だけでよいが，high school が「中学」を含むこともある。

❼ **anything**：肯定文では「何でも」，否定文では「何も（～ない）」の意味になる。

❾ **long**：「長く」という副詞にも使う。

答 (1) years ago

(2) tree is as old as this

(3) ① 先生〔教師〕　② （長い）歴史

考え方💡 (1) 「（今から）～前に」は ago。
　　(2) old が形容詞の原級。

・全訳・

亜由美：この中学校は来月創立80周年を迎えます。

ブラウン先生：そうなんですか？

亜由美：ええ。私たちの学校はとても古いんです。私の父と祖母もここで学びました。

ブラウン先生：うわぁ～！

亜由美：あの美しい木を見てください。あの木はこの学校と同じくらい古いのです。よく人々が訪れて見ていますよ。この学校で勉強できて私はうれしいです。

ブラウン先生：あなたたちの学校には多くの歴史があるのですね。

亜由美：ありがとうございます。

ブラウン先生：ところで，80回目の記念日に向けてあなたたちは何かをするつもりですか？

亜由美：ええ。私たちはカードに私たちの夢を書く予定です。私は先生になって，生徒たちに私たちの学校の長い歴史を教えてあげたいのです。

⑧ まとめのテスト　　　　　P.114・115

1 答 (1) 感じる　　(2) 休暇，休み
(3) 学年　　(4) 健康　　(5) 情報
(6) 問題，課題　　(7) 教育
(8) ふれる，さわる　　(9) tree　　(10) dream
(11) clothes　　(12) agree　　(13) wrong
(14) spend　　(15) fun　　(16) often
(17) number　　(18) enough

2 答 (1) writing　　(2) sea　　(3) ask
(4) took　　(5) countries
(6) long[tall]

考え方💡 (2) 同じ発音の語。
　　(3)・(6) 反意語。

3 答 (1) My idea is different from yours.
(2) You don't have to worry about it.

考え方💡 (1) 「～と違う」は be different from ～。
　　(2) 「～する必要はない」には don't have to ～を使う。 ▶ *20*

4 答 (1) とても楽しいから
(2) 本について語り合うことで読書の喜びを感じ，さらに興味をもつようになるから。

(3) 親を招待して親の大好きな本についていっしょに話すこと。

(4) popular

考え方 (1) More than 60% of them answered, "I read because it is a lot of fun." が該当部分。

(2)・(3) 直後の1文が該当部分。

(4) 第2段落のFirst, で始まる文を参照。

◆・全訳・◆

あなたは読書が好きですか。これは質問の1つです。グラフを見てください。これは，生徒の60%が読書が大好きで，27%が少し好きだということを表しています。もう1つの質問は「なぜ本を読むのですか」というものです。表を見てください。60%以上が「とても楽しいから本を読む」と答えました。約50%が新しいことを学べると考えていて，40%が「友人が本を読んだり本について話すのが好きだから読書する」と答えました。私たちはこの回答はとても重要だと考えています。もし私たちがほかの人と本について話して読書の喜びを感じると，私たちはさらにそれに興味をもつようになります。

そこで私たちは来年2つの計画を実行するつもりです。まず第一に，生徒に人気のある本についてお伝えするために図書通信を使います。また，彼らの本についての考えもお届けする予定です。第二に，毎月放課後に読書クラブの会合を開きます。その会合には私たちの親を招待していっしょに彼らの大好きな本について語り合いたいと思っています。この計画を通してもっと多くの生徒たちが本を読んでくれればいいなと思います。

総合テスト **①**　P.116・117

答 (1) 5円硬貨のデザイン

(2) 〔例〕　① 水　　② 米を作ること

③ 多くの人々がしていた3つの仕事

(3) ウ

(4) ❶ ところで，あなたはそれぞれのデザインの意味についてこれまで考えたことがありますか。

❸ コンピュータを使って，（彼らは／人々は）もっと楽に仕事をします〔することができます〕。

❹ 5円硬貨の新しいデザインがつくられるとすると，どんなものになるでしょうか。

(5) (a) There are six (kinds).

(b) We[I] can see a very famous building.

考え方 (1) the design of 5 yen coin を指している。

(2) ① 11行目に注目。　② 13行目に注目。　③ 15〜16行目に注目。

(3) 次の文の「コンピュータを使ってこれらの仕事をしている」につながるものを選ぶ。ア 「私たちはそれらをする必要はありませんでした」 イ 「私たちにはそれらをする古い方法しかありません」 ウ 「私たちにはそれらをする新しい方法があります」 エ 「私たちはそれらをする方法を変えません」

(4) ❶ by the way で「ところで」の意味。

❸ この文のwithは「〜で，〜を使って」の意味で，手段や方法を表す。

(5) (a) 「日本には何種類の硬貨がありますか」

(b) 「10円硬貨には何が見えますか」

◆・全訳・◆

ご存じのように，日本には6種類の硬貨があります。1円，5円，10円，50円，100円，それに500円です。私たちはほとんど毎日それらを目にしますが，それらのデザインをあなたは思い出すことができますか。硬貨のいくつかについて考えてみましょう。10円硬貨にはとても有名な建造物があります。100円硬貨には桜の花があります。ところで，それぞれのデザインの意味についてあなたはこれまで考えたことがありますか。それを調べることで私たちは日本について何かしら知ることができます。

この絵を見てください。これは5円硬貨のデザインです。この中には3つのものがあります。稲が見えます。穴のまわりに歯車も見えます。最後のは最も難しい。穴の下に線が見えます。その線は水です。この3つのものはすべて1949年に5円硬貨のデザインのために選ばれました。

これらのことから私たちは何を知ることができるのでしょうか。稲は米を栽培することを意味しています。歯車は工場で物をつくることを意味しています。水は海や川で魚をとることを意味しています。このことは，当時の日本では多くの人々がこれらの3つの仕事をしていたということを表

しています。

　このデザインが作られてから70年以上になります。いまだに私たちにはこれらの3つの仕事がありますが，それをする新しい方法があります。多くの人たちは今やコンピュータを使ってこうした仕事をしています。コンピュータを使えば仕事がもっと楽にできるのです。

　もし5円硬貨の新しいデザインが作られるとしたら，どんなものになるのでしょうね？

総合テスト ❷　　P.118・119

答 (1)　彼は海の近くの小さな家に住んでいました。
(2)　エ　(3)　イ　(4)　take　(5)　many
(6)　bigger　(7)　my net　(8)　better
(9)　ちょうどそのとき，彼は船の中にあみを引き入れることができないとわかりました。
(10)　イ

考え方 (1)　一般動詞の過去の文。➡ 1
(2)　理由を表す接続詞。➡ 38
(3)　否定文の any。➡ 34
(5)　「たくさんの」の意味を表す語。
(6)　than があるので比較級。g を重ねることに注意。➡ 7
(7)　所有代名詞を〈所有格＋名詞〉の形に。
(8)　good－better－best と変化する。➡ 7
(9)　接続詞 that 以下が found の目的語になる構文。➡ 36

・全訳・

　ジムは漁師でした。海の近くの小さな家に住んでいました。彼は魚を獲るのにいい船といいあみを持っていました。しかし彼を好きな人はいませんでした。彼はとても欲深い男でした。彼はほかの漁師といっしょに漁に出かけましたが，彼は彼らに1匹も魚をあげませんでした。彼はよくほかの人よりも多く魚を獲りました。でも彼は全部の魚を持ち帰りました。

　ある日ジムは自分の船で出かけました。ほかの漁師も自分たちの船に乗っていました。1人の男が「今日は魚がいっぱいいるぞ。みんなかなり獲れるよ」と言いました。

　ジムは「自分がだれよりもたくさん獲ろう」と思って，はるか沖へ船をこぎ出しました。彼はいくらか魚を獲りましたが，どれもとても小さいもの

ばかりでした。そのとき漁師の1人が「ほら，ここに大きな魚がいっぱいいるぞ！」と叫びました。

　ジムはその漁師の近くに船を進めました。何百匹という魚が水の中に見えました。それらは自分のあみの中の魚よりも大きいものでした。

　「この魚を獲ってやるぞ」とジムは言いました。「自分のあみを海中に投げこんでやろう」。彼はあみの中にいた魚を全部海に投げ捨てました。

　「おい，ジムどうして魚を海に投げているんだい」とほかの漁師が言いました。

　「この大きい魚を獲りたいんだ。自分のあみはきみたちのよりいいんだ。あっちへ行ってほかの大きな魚を探してくれ」とジムは言いました。

　彼は大きな魚のいる近くの海中にあみを入れました。「お前たちのあみはどけてくれ！　おれがこの魚を獲っているんだ」と彼はほかの漁師たちに言いました。

　「手伝ってやるよ」と彼らは言いました。でもジムは「助けなんかいらないよ。あっちへ行けよ！」と言いました。ほかの漁師たちは去りました。彼は自分のあみに何百匹という魚が見えました。ちょうどそのとき，彼は船の中にあみを引き入れることができないことに気がつきました。でも手伝ってくれる人はだれもいませんでした。魚はとても重くて，あみを破ってしまいました。あみが破れると魚は全部逃げてしまいました。それからジムは「おれはほんとにばかだった。もう二度と欲深いまねはしない」と思いました。

総合テスト ❸　　P.120・121

答 (1)　happily　(2)　イ　(3)　took
(4)　see　(5)　ア
(6)　泣かないで，ロイ。午後にはお母さんが来て，あなたを家に連れてってくれますよ。
(7)　crying　(8)　at　(9)　イ　(10)　エ

考え方 (1)　y を i にかえて ly。
(2)　母親の「6年間学校にいる」をロイはどう解釈したのか考える。
(5)　away は「いなくなる」という意味合いがあることから考える。
(6)　否定の命令文と未来の文。➡ 16・27
(7)　stop の目的語は動名詞にする。➡ 25

31

・全訳・

　ロイは両親と小さな町に住んでいて，幸せな男の子でした。

　ある日お母さんが彼に「月曜日から学校に行くのよ，ロイ。学校はとてもよいところよ。子どもたちがいろんなおもしろいことを覚えたり，ゲームをしたり，絵をかいたり，歌を歌ったりするのよ。そういうの好きでしょう」と言いました。

　「うん」とロイは言いました。それから「どれくらい学校にいるの，ママ」とたずねました。

　「6年よ，ロイ」とお母さんが答えました。ロイは何も言いませんでした。

　月曜日に，お母さんはロイを学校に連れて行き，彼の先生に会いました。彼の先生はすてきな若い女の人でした。お母さんはロイにさようならを言って立ち去りました。ロイは教室に入りました。それから泣き出しました。クラスのみんなはゲームをしたり，絵をかいたり，いろいろなおもしろいことを学びました。でも彼は午前中のほとんどを泣いて過ごしました。

　先生が「泣かないで，ロイ。午後になるとお母さんが来てあなたを家に連れてってくれるわよ」と言いました。

　ロイは泣きやみました。「今日家に帰れるの？」と彼は聞きました。

　彼女は「もちろんそうよ。学校は2時に終わるわよ」と言いました。

　彼は「あれ，でもお母さんは『学校には6年間いるのよ』って言ってたよ！」と言いました。

　彼女は笑って言いました。「そう，それはその通りよ，ロイ。でもみんな毎日家に帰るの。それから土曜，日曜，休暇の期間中は学校はないのよ」。彼はこれを聞いてにっこりしました。そして再びとてもうれしくなりました。

総合テスト ❹　　▶P.122・123

答 (1) ア　×　　イ　×　　ウ　○　　エ　△
オ　×　　カ　×

(2) (a)　ウ　　(b)　ア　　(c)　イ

(3)　イ　　(4)　ours　　(5)　sad　　(6)　begin

考え方 (1)　ア　3〜4行目に注目。

　　イ　6行目に注目。

　　エ　日本製の人形とはどこにも書いていない。

　　オ　本文に I'll come again. とある。

　　カ　最後の2〜3行に注目。

(2) (a)　最初の文に注目。

(b)　5〜6行目に注目。

(c)　金曜日の午後に着いて，日曜日の夕方に「明日帰る」と言っているのだから，金，土，日，月の4日間。

・全訳・

　メアリーは6歳です。彼女はたいていひとりで何時間も遊びます。というのは，兄弟も姉妹もいないからです。ある日お母さんが「メアリー，ベスおばさんが来て，ここに2，3日泊まる予定よ」と言いました。ベスおばさんはメアリーのお母さんよりも4歳年下です。

　ベスおばさんは金曜日の午後に飛行機で着きました。メアリーもお母さんも2人とも彼女の出迎えに空港へ行きました。ベスおばさんは大きなバッグを持っていました。その中にはメアリーのためのプレゼントがいっぱい入っていました。その中にはかわいい人形がありました。メアリーはそれがとても気に入りました。夕食後，彼女はベスおばさんとゲームをして楽しみました。彼女はとてもうれしく思いました。

　日曜日の夕方に，ベスおばさんはメアリーに「明日おうちに帰らなければならないのよ」と言いました。メアリーはとても悲しくなりました。というのは，彼女はおばさんが大好きだったからです。

　翌日，メアリーとお母さんはベスおばさんといっしょに空港へ行きました。空港へ行く途中でメアリーは「ベスおばさん，もう1日ここにいて」と言いました。ベスおばさんは「ごめんね，メアリー。とても忙しくて，ここにはこれ以上いることができないの。また来るわね」と言いました。おばさんが飛行機の中に乗り込むと，メアリーは泣き出して言いました。「どうしてベスおばさんは私たちみたいに地面の上にではなくて空に住んでいるの？」。

2312R4

Is this for here or to go?	召し上がり?　持ち帰り?
just now	つい今しがた
kill oneself	自殺する
let's see	ええと, はて
living room	居間
look at ～	～を見る
look back	振り返る
look for ～	～を探す
look forward to ～	～を楽しみに待つ
look forward to ～ing	～するのを楽しみに待つ
look good on ～	～に似合う
lots of ～	たくさんの～
make a mistake	まちがえる
Me, too.	私も。
next month	来月
No kidding!	冗談でしょう!
No problem (with ～).	(～は)だいじょうぶ。
not ～ any more	もはや～ない
not ～ yet	まだ～ない
not as ～ as ...	…ほど～ない
Not at all.	どういたしまして。
Nothing special.	特にありません。
of course	もちろん
Oh, no!	まさか!
no one's right[left]	～の右〔左〕側に
on one's way to ～	～へ行く途中で〔に〕
on TV	テレビで
one after another	次から次へと
one day	(過去の)ある日
one of these days	近日中に
one piece of ～	1つの～
～ or so	～かそこら
out of ～	～(の中)から
over there	向こうに, あそこに
phone number	電話番号

pick up ～	～を持ち上げる
right away	すぐに, ただちに
right now	すぐに, ただちに
show up	現れる, 来る
smile at ～	～にほほえむ
speak to ～	～と話す
	～に話しかける
stand up	立ち上がる
take one's order	注文を受ける〔取る〕
talk about ～	～について話す
talk to ～	～と話す
talk to oneself	ひとり言を言う
talk with ～	～と話す
tear ～ to pieces	～をずたずたに引き裂く
thank ～ for ...	～に…を感謝する
That's right.	その通り。
That's too bad.	それはいけませんね。
the way to ～	～へ行く道
think about ～	～について考える
think of ～	～のことを考える
this way ～	こちらへ〔に〕
time difference	時差
try on ～ [try ～ on]	～を試着する
try to ～	～しようとする
wait for ～	～を待つ
walk by	(そばを)通りすぎる
want to ～	～したいと思う
What's the matter?	どうしたのですか。
whether ～ or ...	～かそれとも…か
why don't you ～?	～しませんか。
with a smile	にっこりして
worry about ～	～を心配する
write back	返事を書く
you know	あのね, ほら
You mean ～?	～の〔という〕ことですか。